삶의 마지막까지,
눈이 부시게

THE LOST

삶의 마지막까지,
눈이 부시게

ART———

OF DYING

후회 없는 삶을 위해
죽음을 배우다

리디아 더그데일 지음

김한슬기 옮김

현대
지성

우리의 생이 시작되는
바로 그 순간,
우리가 죽어가고 있다고 말해줘야 합니다.

그래야 매일 매순간의 한계를 알고
살아가게 될 것입니다.

그렇습니다.
지금 하십시오.
원하는 것은 무엇이든 지금 하십시오.

미루어 놓은 내일이라는 날들이
너무나 많습니다.

- 요한 바오로 6세

Somebody should tell us,
right at the start of our lives,
that we are dying.

Then we might live life to the limit,
every minute of every day.

Do it. I say.
Whatever you want to do, do it now.
There are only so many tomorrows.

- Pope Paul VI

목차

제1장

죽음도 좋을 수 있을까

나는 후회한다. 그때 왜 터너 씨를 살렸을까. 터너 씨는 그 자그마한 몸으로 어찌나 오래 죽음을 피해왔던지 안 그래도 연로한 몸이 뼈와 폐, 뇌를 침범한 암세포로 더욱 약해져 고생하고 있었다. 터너 씨의 두 딸은 아버지에게 불멸을 속삭였다. 진심이었는지 바람이었는지는 당사자만 알겠지만 어쨌든 두 사람은 아버지가 절대 죽지 않을 거라고 이야기했다.

하지만 시간이 지나니 암세포에 잠식당한 장기가 하나둘 힘을 잃기 시작했고, 터너 씨는 암 병동에 입원했다. 딸들은 아버지가 "암을 이겨낼 것"이라고 확신했다. 그들은 간호사에게 "아버지를 살릴 수 있는 조치라면 무엇이든 해달라"라고 부탁했다.

그리고 그날 밤, 터너 씨는 사망했다.

터너 씨 가족은 무시무시한 암의 위력이나 끔찍한 후유증을 제대로 이해하고 있었을까?

나는 터너 씨를 만난 적이 없다. 굳이 말하자면 의사와 응급의료진만이 경험하는 묘한 상황에 맞닥뜨렸다고나 할까. 나는 살아있는 터너 씨를 만나기 전, 죽어있는 터너 씨를 먼저 마주했다. 사람이 아닌 시체, 삶이 아닌 죽음을 먼저 만났다.

비상 알람이 울렸을 때 나는 응급실에서 다른 환자와 대화를 나누고 있었다. 천식을 앓는 대학생은 단어를 입 밖에 낼 때마다 힘겹게 숨을 몰아쉬며 병원을 찾은 이유를 설명하는 중이었다. "친구랑 —쌔액— 파티에 —쌔액— 갔는데 — 쌔액— 거기서……."

"코드 블루(병원에서 사용하는 긴급코드 중 하나로 심장마비가 발생했을 때 사용한다—편집자), 나인 웨스트! 코드 블루, 나인 웨스트!" 병원 천장에 달린 스피커에서 권위적인 목소리가 흘러나와 쌕쌕거리던 환자의 말을 끊었다. 방송은 늘 똑같았다. 죽음에 전혀 동요하지 않는 차분하고 깊은 목소리로 응급 상황을 알렸다.

"제 담당이에요. 가봐야겠네요. 나중에 다시 얘기합시다." 내뱉듯 말하고 엘리베이터로 달려갔다. 4층이 넘어가면 계단을 뛰어올라가는 것보다 엘리베이터를 타는 편이 빠르다. 한밤중에 코드 블루가 떴다면 더욱 그러하다. 엘리베이터에는 동료 아미트가 타고 있었다. "우리가 아는 환자인지도 모르겠네." 아미트가 이야기했다. "암 병동에서 뜨는 코드는 늘 안 좋은데 말이야."

삶의 마지막까지, 눈이 부시게

아미트의 말이 맞았다. 암 병동에서 희망을 이야기하기는 쉽지 않다. 적어도 의사는 희망을 입에 쉽게 올리지 못한다. 암 환자는 끔찍한 고통에 시달린다. 화학 요법이나 방사능 치료에 실패한 사례도 적지 않다. 암 병동은 마치 끝이 보이지 않는 겨울처럼 꽃을 피우지 못하는 생명으로 가득하다.

물론 암 병동이 이렇게 된 데에는 전문 의료진 책임도 있다. 병원에서는 치료가 불가능한 암 환자에게도 3차, 4차 화학 요법을 당연하다는 듯이 실시한다. 어려운 상황에서도 희망을 주기 위함이라 합리화하지만 이런 조치가 죽어가는 환자에게 희망적인 경우는 거의 없다. 우리는 치료에 초점을 맞추느라 생명이 지닌 유한성을 무시한다. 우리는 질병을 고치기 위해 병원을 찾은 환자의 정맥에 항암제를 흘려 넣으며 죽음을 향해 함께 나아갈 뿐이다.

나는 침대에 십자가 모양으로 누운 터너 씨의 앙상한 몸을 보고 한숨을 쉬었다. '쉽지 않을 것 같은데, 도대체 왜 심폐소생술을 하려는 거지?' 모두 같은 생각을 했지만 누구도 그 말을 입 밖에 내지 않았다. 터너 씨의 뼈대를 감싼 창백한 갈색 피부는 이미 경직이 진행되고 있었다. 생명의 불씨가 꺼진 몸은 싸늘히 식어갔다.

우리 병원의 의료진 체계는 이렇다. 전문의 또는 '주치의'는 도의적, 법적 책임을 가지고 환자를 치료한다. 주치의 밑에는 차례대로 펠로우, 레지던트, 인턴이 주치의의 지도를 받으며 근무한다(미국 대학병원 기준으로 한국과는 차이가 있다―옮긴이). 간호사, 재활치료사, 사회복지사 등 보건 관련 학과를 전공한 직원 또한 의료진에 포함된다. 엄격하게 정해진 체계에 따라 환자를 관리하기 때문에 환자를 담당하는 의료진 전체가 병원을 비우는 경우는 거의 없다.

터너 씨가 심장마비를 일으킨 날 밤에는 인턴이 당직을 서면서 자리를 지키고 있었다. 심폐소생팀이 일사불란하게 움직이는 동안 인턴은 환자 병력을 간단히 기술했다. "88세 남성, 전이 전립선 종양을 진단받아 전립선을 절제했고 2주 전 재입원해 화학 요법과 방사능 치료를 병행하던 중이었습니다. 정신 이상 증세가 있고, 뼈에 통증을 호소해 검사를 진행한 결과 뇌와 뼈에 암세포 전이가 확인됐습니다." 인턴은 조금의 주저함도 없이 심장이 멎은 환자의 의료 기록을 공유했다.

심폐소생팀 팀장은 사타구니 정맥에 카테터Katheter(위, 창자 등 장기 속에 넣어 상태를 진단하거나 약물을 주입하는 관—편집자)를 삽입하라는 명령을 내렸다. 이 관을 통해 약물을 흘려보내 심장을 자극하기 위함이다. 내가 카테터를 삽입하는 동안 다른 의사 두 명은 기관 내 삽관揷管을 실시했다. 한 명은 터너 씨의 가느다란 몸통 옆에 무릎을 꿇고 암세포가 퍼진 갈비뼈를 압박했다. 심장에 전기를 흘려보내기 위해 제세동기를 충전하는 의사도 있었다. 간호사는 팔에 정맥주사를 놓고 약을 주입했다.

우리는 절차에 따라 효율적으로 움직였다. 시체에 생명을 불어넣는 지식과 기술은 이미 완벽하게 익힌 상태였다. 상황이 좋지 않았지만 행운의 여신은 우리 편이었다.

"맥박 잡혔습니다." 아미트가 말했다.

우리는 곧장 움직임을 멈췄다. 맥박이 일정하게 유지되자 간호사는 제세동기를 치웠다. "됐습니다. 환자 침대 정리하고 중환자실로 옮깁시다." 잠시 시체나 마찬가지였던 터너 씨는 인간으로서 존재를 되찾았다. 목숨을 다하고 꺼져가던 불빛이 되살아났다. 생명을 잃어가던 몸에 우리가 억지로 숨결을 불어넣은 것이다.

심폐소생술에 성공한 환자는 중환자실로 옮겨진다. 폐 소생을 위해 환자의 기도에 호흡 관을 삽입해야 되기 때문이다. 자가 호흡이 가능할 정도로 폐 기능을 회복할 때까지는 이렇게 삽입된 관이 인공호흡기에 부착돼 신체에 산소를 공급한다. 인공호흡기를 착용한 환자는 중환자실에 입원해 24시간 의료진의 집중 모니터링을 받는다.

심폐소생술을 끝낸 아미트와 나는 종이 가운과 의료용 장갑을 벗어던지고 이마에 맺힌 땀방울을 훔쳤다. 터너 씨를 살리느라 20여 분 동안 뒤틀린 자세를 취하고 있던 탓에 온몸이 뻐근했다. 우리는 굳은 몸을 풀며 가볍게 대화를 주고받았다.

"저 환자를 살리다니 믿기지가 않는다."

"환자 가족한테는 내가 전화할게."

그게 전부였다. 우리는 아무렇지 않게 '죽은 사람 되살리기' 업무를 마치고 원래 자리로 돌아갔다.

나는 터너 씨의 두 딸이 도착할 때까지 중환자실에서 기다렸다. 주치의는 아니었지만 보호자를 만나고 싶었다. 온몸에 전이된 암세포가 환자의 생명을 갉아먹고 있다는 사실을 가족에게 제대로 알려야만 했다. 터너 씨의 심장은 얼마 안 가 다시 멈출 것이 분명했다. 방금 전 사건이 반복된다니 생각만 해도 끔찍했다. 어떤 생명유지장치를 사용해도 터너 씨의 암을 치료할 수는 없었다.

곧 터너 씨 가족이 도착했다. 머리와 옷차림이 얼마나 멀끔하던지 몇 분 전까지 잠을 자던 사람이라고 생각하기 어려울 정도였다.

우리는 터너 씨 침대 옆, '어항'이라 불리는 유리 회의실에 자리를 잡았다. 나는 어떤 사건이 벌어졌는지 설명했다. 두 딸은 아버지의 목숨을 구해줘 고맙다고 인사했다. 나는 조심스레 암세포가 터너 씨를 천천히 죽이고 있으며 환자의 심장이 오래 버티지 못할 것 같다는 소견을 전달했다. 그리고 환자의 심장이 다시 멈출 경우 심폐소생을 포기할 의사가 있는지 물어봤다.

큰딸은 조금도 주저하지 않고 대답했다. "아니요, 선생님. 우리는 기독교인입니다. 예수님이 아버지를 도와주실 거예요. 우리는 기적을 믿습니다. 아버지가 돌아가시지 않도록 모든 조치를 다 취해주세요."

나는 이 대답이 역설적이라고 생각했다. 신의 치유 능력을 굳게 믿으면서 인간이 개발한 기술에 끈질기게 매달리는 모습이 무척이나 묘하게 다가왔다.

삶의 마지막까지, 눈이 부시게

나는 터너 씨의 두 딸 외에도 적극적인 생명유지를 선택한 종교인을 여럿 만났다. 사실 독실한 종교인이 적극적으로 연명치료를 요구하는 사례는 굉장히 흔하다. 얼마 전 하버드대학교에서 발표한 연구 결과에 따르면 종교에 의지하는 정도가 심할수록 적극적인 생명유지를 선택해 중환자실에서 사망할 확률이 높은 반면 호스피스 병동 입원에는 거부감을 드러냈다.[1] 왜 그럴까?

연구진은 여러 가능성을 제시했다. 종교 단체는 의학적 죽음에 대한 지식이 부족해 사람이 실제로 죽어가고 있다는 사실을 제대로 받아들이지 못할지도 모른다. 또는 종교인 입장에서는 의사가 신의 치유력을 전달하는 매개이니 생명유지에 제한을 두는 행위가 신의 치료를 방해하는 것처럼 느껴질 수도 있다. 종교 단체는 대부분 '생명의 존엄성'에 높은 가치를 두고 있다. 적극적 생명유지를 포기하면 고작 며칠이라고 해도 수명을 앞당긴다는 윤리적인 부분을 우려하고 있을 가능성도 존재한다.

실제로 종교 지도자가 죽음을 목전에 둔 신도에게 건네는 의료적 조언은 환자와 보호자의 선택에 영향을 미친다.[2] 연구진은 이 사실을 염두에 두고 "고통을 받으며 죽어가는 사람이 선택할 수 있는 의료적 대응"을 주제로 성직자와 직접 대화를 나눠보았다. 흥미롭게도 성직자는 죽음을 앞둔 환자에게 내려지는 처방이 일시적이며 치료에 전혀 도움이 안 된다는 점을 모르고 있었다. 게다가 침습적侵襲的 시술(체내 조직 안으로 약이나 장비를 넣어 시술하는것─편집자)을 과대평가하는 경향을 보였다. 연구진은 신앙을 장려하려는 종교인의 열정 때문에 환자들이 더 고통스럽기만 하고 치료 효과는 미미한 생명유지책을 선택한다고 결론지었다.

터너 씨의 두 딸이 어떤 방법을 사용해서든 죽어가는 아버지를 살리겠다고 고집을 부린 데는 이런 이유도 있었을 것이다.

두 번째 코드 블루

"코드 블루, 파이브 사우스, 중환자실. 코드 블루, 파이브 사우스, 중환자실." 늘 듣던 무미건조한 목소리가 천장 스피커에서 흘러나왔다. 터너 씨를 살린 지 한 시간 반 정도 지났을 무렵이었다. 나는 당직실에서 천식 환자의 입원 지시사항을 작성하고 있었다. "이번에는 또 누구 심장이 멈췄나 가보자고." 아미트가 터너 씨 침상으로 뛰어가면서 말했다. 애초에 질문할 필요조차 없었다.

우리는 그날 밤 두 번째로 터너 씨의 싸늘한 시신을 마주했다. 조금 전과 똑같이 암세포가 퍼진 갈비뼈를 리드미컬하게 압박했다. 심지어 갈비뼈는 이미 한 차례 심폐소생술을 겪으면서 부러진 상태였다. 우리는 처음과 마찬가지로 심장 박동을 되찾길 바라며 정맥에 카테터를 꽂고 약물을 주입했다. 죽은 사람을 되살리는 힘이라도 부여받았는지, 우리는 다시 터너 씨를 죽음에서 구해냈다.

터너 씨 가족은 감사를 표했다. 우리는 아무 일도 없었던 것처럼 각자 자리로 돌아갔다. 보호자는 사랑하는 아버지 곁을 지켰고, 아미트와 나는 당직실로 향했다. 하지만 분명 무언가가 변했다. 우리는 하룻밤 사이 한 번도 아니고 두 번이나 죽은 사람을 되살렸다. 게다가 건강한 사람도 아니었다. 터너 씨는 온몸에 퍼진 암세포 탓에 기력이 쇠한 노인이었다. "저 환자 오늘 밤을 넘기기 힘들 거야." 아미트가 말했다. 나도 같은 생각이었다.

세 번째 코드 블루

아미트와 당직실로 돌아와 겨우 엉덩이를 붙이고 앉자마자 다시 한번 방송이 나왔다. "코드 블루—." 우리는 위치 안내가 나오기도 전에 뛰기 시작했다.

실제 코드 상황은 텔레비전에서 보는 장면과 전혀 다르다. 일단 팀 규모 자체가 생각보다 훨씬 크다. 의사, 간호사, 호흡요법사, 목사, 사회복지사가 각자 주어진 역할에 따라 질서정연하게 움직인다. 동맥으로 아드레날린을 주입해보지만 혈관에서 뿜어져 나오는 피를 막을 수는 없다. 간단한 심폐소생술만으로 심장 박동이 금방 돌아올 때가 있는가 하면, 심장이 다시 뛰기까지 너무 오랜 시간이 걸려 뇌손상이 일어날 때도 있다. 밖에서 보기에는 혼돈이나 마찬가지겠지만 사실 이 속에는 엄청난 조화와 질서가 숨어있다.

이미 예상했겠지만, 심폐소생술을 실시하는 광경이 보기에 좋지는 않다. 그래서 보통은 코드 상황이 일어나면 환자에게서 보호자를 떨어뜨린다. 하지만 터너 씨가 세 번째로 죽음을 맞이했을 때쯤엔 더 이상 보호자를 챙길 여력이 없었다. 우리는 오랜 진통을 겪은 산모처럼 체면을 버리고 주어진 일에 집중했다. 그리고 터너 씨의 두 딸은 마침내 죽음의 민낯을 마주했다.

세 번째 기적은 일어나지 않았다. 멈춰버린 터너 씨의 심장은 우리의 간절한 몸짓에도 미동조차 없었다. 심폐소생술을 시작한 지 20분이 넘어가자 코드 블루 팀 팀장은 운명을 되돌리기엔 늦었다는 결정을 내리고 코드 블루를 해제했다. 이번에는 죽은 이를 되살리는 데 실패했다.

의료 전문가라면 누구나 심정지가 일어나는 순간 혈액이 순환을 멈추면서 뇌에 산소가 전달되지 않는다는 사실을 알고 있다. 산소 공급이 겨우 몇 분만 끊겨도 뇌세포는 괴사하기 시작한다. 심장이 멎은 상태로 10분이 지나면 돌이킬 수 없는 뇌손상이 일어난다.

심폐소생술은 인공호흡 또는 삽관으로 혈액에 산소를 주입하고

삶의 마지막까지, 눈이 부시게

흉부를 압박해 체내에 혈액을 순환시키는데, 이 과정은 최대한 빨리 이루어져야 한다. 코드 알람이 뜨자마자 아미트와 내가 달리기 시작한 이유도 환자의 뇌에 산소를 공급하기 위해서였다. 하지만 인위적으로 혈액에 산소를 공급한다고 해도 신체의 자연스러운 작용만큼 뛰어난 효과를 얻을 수는 없다. 심폐소생술이 15분에서 20분 동안 이어지는데도 심장이 다시 뛰지 않는다면 뇌손상을 걱정해야 한다. 보통 심폐소생술을 실시한 뒤, 20분에서 30분이 지나면 소생을 포기하고 코드 상황을 해제한다.

우리는 터너 씨의 흉부를 압박하던 손을 거두고 사망을 선고했다. 사망 선고는 의학적 절차로, 눈에 불을 비춰 동공 수축을 확인하는 과정이 동반된다. 터너 씨에게도 펜라이트로 불빛을 비췄지만 아무런 반응이 나타나지 않았다. 아미트는 터너 씨 가슴에 청진기를 대고 혹시 심장 박동이 들리는지 귀를 기울였다. 우리는 옆에서 호흡이 일어나 가슴이 오르내리지는 않는지 관찰했다. 아무런 움직임도 보이지 않았다. 어떤 소리도 들리지 않았다. 터너 씨는 고요히 누워있었다.

우리 병원은 아무리 침상이 부족하더라도 환자 가족이 죽은 이를 애도할 수 있는 시간을 남겨둔다. 시신이 들것에 실려 영안실로 옮겨졌다. 머리가 앞을 향했다. 살아있는 사람만이 발이 앞을 향한 채 옮겨진다. 우리는 터너 씨 가족에게 조의를 표한 뒤, 목사와 사회복지사에게 뒤를 맡기고 나와 사망 서류를 작성했다.

컨베이어 벨트 위의 환자

터너 씨가 숨을 거뒀을 때 나는 아직 레지던트였다. 하지만 뼈대가 고스란히 드러난 터너 씨의 앙상한 몸은 아직까지도 종종 머릿속에 떠올라 나를 괴롭힌다.

병원에서 심폐소생술은 일상에 가깝다. 우리는 늘 갈비뼈를 부술 정도로 가슴을 압박하고, 죽음 코앞까지 갔던 환자를 되살리기도 하며, 영원한 안식이 찾아오지 않도록 인공호흡기를 부착한다. 그렇지만 하룻밤 사이 같은 사람에게 세 번이나 심폐소생술을 실시하는 일은 굉장히 드물었다.

터너 씨의 죽음은 인간이자 의사로서 나의 실패처럼 느껴졌다. 우리는 환자에게 최선의 조치를 취했지만 터너 씨는 '형편없는' 죽음을 맞았다. 굳이 따지자면 터너 씨는 '두 딸이 원하는' 방식으로 세상을 떠났다. 실제 심폐소생술을 실시하는 가혹한 장면을 목격하고는 그 선택을 후회했을지도 모르겠지만 어쨌든 터너 씨 인생은 그렇게 막을 내렸다.

이 이야기는 '잘 죽는 데 실패한' 개인과 사회를 그려내고 있다. 의사이자 작가인 빅토리아 스위트는 얼마 전부터 '슬로우 의학'을 도입하자고 주장한다. 패스트푸드보다 슬로우푸드가 건강하듯, 패스트 의학보다 슬로우 의학이 건강하다는 논리였다. 아리스토텔레스가 살아있다면 이 의견에 동의할지도 모른다. 이 고대 그리스

삶의 마지막까지, 눈이 부시게

철학자는 실용적 지혜, 즉 인간이 궁극적인 선을 추구하는 데 도움을 주는 사고를 미덕으로 여겼다. 시간이 걸리더라도 환자의 내면까지 더 깊이 보살피는 의학적 접근은 궁극적으로 환자에게 유익하다. 치료로 발생할 수 있는 위험과 부담을 최소화하고, 의사가 지쳐 치료를 포기하는 불상사를 예방한다. 그렇기에 슬로우 의학은 실용적이다.

하지만 현대 의료 체계는 슬로우 의학에 적합하지 않다. 어떤 의사는 병원을 "컨베이어 벨트가 돌아가는 공장"이라고 묘사했다.[3] 20세기 초반, 헨리 포드는 짐승을 부위별로 분해하는 도축장에서 영감을 받아 자동차 조립 라인을 도입했다. 포드는 회고록에 이런 글을 남겼다.[4] "나는 직원이 서두르길 바라지 않는다. 단 1초도 허비하지 않고 모든 근무 시간을 꼭 필요한 곳에 사용하길 바랄 뿐이다."[5] 모델 T가 조립 라인에 올라오고 분업이 실시되면서 비용은 줄고 생산량은 늘어나 효율성이 증대되었다.

의학계가 효율을 추구하는 방법도 자동차 조립 공정과 크게 다르지 않다. 환자는 병원 문턱을 넘는 순간 컨베이어 벨트 위에 올라온 상품처럼 취급된다. '노동의 분업'을 이루어낸 의사, 간호사, 재활치료사, 의료 기술자는 각각 주어진 의무에 따라 증상을 상세히 살피고, 의료 기구를 조정하고, 상태 변화를 관찰하는 등 효율적으로 환자를 치료한다. 물론 도축장이나 자동차 공장과 병원이 완전히 같다고는 할 수 없다. 짐승과 자동차는 의견을 제시할 수 없지만 환자는 얼마든지 자신의 생각을 표현할 수 있다.

일을 시작한 지 얼마 안 됐을 때는 환자가 왜 의학이라는 이름으로 포장된 컨베이어 벨트에서 내려올 시도조차 하지 않는지 이해할 수 없었다. 이 사람들은 왜 수술이나 화학 요법을 거부하지 않을까? 하지만 곧 답을 찾았다. 환자는 낯선 경험 앞에 주눅 들어있었다. 의학적 결정을 내리려면 먼저 치료로 얻을 수 있는 효과와 부작용을 따져봐야 한다. 하지만 내가 만난 환자들은 아픈 데다 겁에 질려 이성적인 판단을 내릴 만한 상태가 아니었다. 심도 깊은 해부학적 지식이 없거나 어느 정도 의학 용어에 익숙하지 않으면 스스로 치료법을 결정하기가 쉽지 않다. 내가 만난 환자 십중팔구는 이런 지식이 부족했다.

의료 체계 자체가 워낙 복잡하기도 하지만, 환자가 혼란을 겪는 데는 의사의 잘못도 있다. 의사는 치료 여부를 결정해야 하는 환자에게 이렇게 설명한다. "수술을 받으면 허리 통증이 나을 수도 있습니다." "화학 요법을 한 번 더 받으면 암이 호전될 수도 있습니다." 인간은 본능적으로 생존을 추구한다. 치료를 받으면 살 수도 있다는데 기회를 포기할 사람이 몇이나 되겠는가. 그렇게 환자 대부분은 얌전히 컨베이어 벨트에 올라 치료를 받는다. 이들은 능동성을 포기하고 채 의사가 자기 몸에 어떤 조치를 취하든 그저 견뎌낼 뿐이다.

이런 과정, 즉 환자가 병원 문을 열고 들어와 컨베이어 벨트에

삶의 마지막까지, 눈이 부시게

올라타고, 치료를 받은 뒤 다시 병원을 나서는 과정이 왜 문제가 될까? 병원이 환자를 효율적으로 치료한다는 증거 아닌가? 효율이 높으면 좋은 것 아닌가? 문제는 컨베이어 벨트가 죽음을 향해 가도 멈추지 않는다는 것이다. 슬로우 의학이 필요한 이유가 바로 여기에 있다.

컨베이어 벨트는 위에 앉은 사람이 누구이건 상관하지 않는다. 비교적 건강하지만 심장 박동이 불규칙적인 젊은 남성이든, 같은 증상을 호소하는 쇠약한 노인이든 빠르고 효율적으로 목적지를 향해 나아간다. 심장전문의는 불규칙적으로 뛰던 심장이 말썽을 일으켜 어느 날 갑자기 죽을지도 모르는 두 환자에게 똑같이 심박 조율기 이식을 권할 것이다. 심박 조율기를 이식하면 심장 문제는 해결된다. 하지만 이식이 과연 환자의 나이나 건강 상태를 모두 고려한 결정일까? 이미 치매 말기인 병약한 노인에게 이식 수술을 해도 괜찮을까? 고통 없이 부정맥으로 사망할 수 있었던 노인의 심장에 기구를 이식해 괜한 고생만 시키는 건 아닐까? 어떤 경우든 치료 목적은 생명 연장이어야 하는 걸까?

환자와 보호자가 의학 지식이 있거나 호기심이 왕성해 이런 질문을 던진다면 의사는 환자가 최선의 선택을 할 수 있도록 기꺼이 함께 고민할 것이다. 치료 절차나 방법을 토론하기 싫어하는 의사는 거의 없다. 하지만 누군가 나서서 이견을 제시하거나 치료를 중단하지 않는다면 환자를 태운 컨베이어 벨트는 목적지를 향해 멈추지 않고 나아간다. 당연히 나이 지긋한 환자 또한 수술실에 들어가 심박 조율기를 이식받을 것이다.

의사를 탓하는 게 아니다. 의사는 그저 오랜 연구를 통해 정립된 기준을 따를 뿐이다. 하지만 죽음을 피하고 미루려는 노력이 언제까지나 옳은 걸까? 환자가 현명하게 죽을 기회를 빼앗는 건 아닐까? 현명한 죽음을 추구하는 지혜는 어디로 사라졌을까?

나는 죽음을 일상처럼 여기는 가정에서 성장했다. 할아버지 노먼 울리히는 제2차 세계대전 때 B-17 폭격기 조종사로 복무했다.[6] 비행 학교에 다닐 때 할아버지가 타고 있던 비행기가 이륙 중 오작동을 일으켜 추락하는 사고가 일어났다. 교관은 목이 잘려 즉사했고, 할아버지는 골반과 등이 부러져 몇 달 동안 병원 신세를 졌다. 할아버지는 명예롭게 제대해 비행 학교로 돌아가도 좋다는 군의 제안을 거절하고 전장으로 나갔다.

참전 도중 할아버지는 감자밭에서 독일군 총에 맞고 포로로 끌려갔다. 포로수용소에 감금된 할아버지는 오래되고 퀴퀴한 냄새가 나는 빵 부스러기를 활용해 색다른 요리를 만들어 동료 수감자와 나눠 먹었다. 낯선 땅에서 굶어죽지 않기 위함이었다. 1945년 1월과 2월은 역사상 최악의 겨울로 기록될 만큼 시독했지만 할아버지는 강행군 사이사이 휴식 시간에 손수 제작한 화덕 옆에 웅크려 체온을 유지하면서 목숨을 부지했다. 1945년 4월, 패튼 대전차 군단에 구출된 후에도 죽음은 늘 할아버지 곁을 떠나지 않았다.

삶의 마지막까지, 눈이 부시게

내가 아주 어렸을 때부터 할아버지는 죽음을 담백하게 받아들였다. 할아버지는 젊고 건강할 때부터 할머니와 자신이 나중에 묻힐 묫자리를 마련해뒀다. 장의사와도 가까운 사이를 유지했다. 할아버지는 돌아가시기 몇 년 전부터 장례 절차를 계획했고, 수십 년에 걸쳐 유언장을 작성했다. 명절이나 중요한 행사가 다가올 때마다 우리 가족은 이번이 할아버지와 함께하는 마지막 시간이 될지도 모른다는 생각에 시카고에 있는 집까지 날아갔다. 귀향은 20년이 넘도록 계속됐고, 할아버지는 95세에 숨을 거뒀다.

나는 의료계에 종사하면서 할아버지의 발자취를 좇을 소중한 기회를 얻었다. 누구나 언젠가는 죽음을 맞이한다. 그렇다면 현명한 죽음이란 무엇일까? 안타깝게도 의학은 아직 형편없는 죽음에 대한 해결책을 제시하지 못했다. 빠르든 늦든 우리 모두는 환자가 될 수밖에 없다. 성큼 다가온 죽음 앞에 우리는 어떻게 행동해야 할까? 나는 아주 오랫동안 이 문제를 고민해왔다.

어느 날, 이에 관한 글을 쓰려고 온갖 기사와 자료를 뒤지던 중 실마리를 발견했다. 600년 전 중세 유럽인들도 병원에서 맞는 죽음의 문제를 고민해왔는데, 그에 대한 답으로 '죽음의 기술'을 의미하는 라틴어 소책자 『아르스 모리엔디*Ars Moriendi*』가 만들어졌던 것이다. 이 책은 좋은 죽음과 좋은 삶에 대한 중세 유럽인들의 실용적 지혜를 담고 있다. 하지만 여기에 등장하는 탄생과 삶, 죽음을 이야기하려면 먼저 죽음 자체에 대한 사색이 필요하다.

흑사병 한가운데서 태어난
'죽음의 기술'

  1340년대 유럽에는 전염병이 창궐했다. 선페스트_{bubonic plague}였다. 감염되면 사타구니와 겨드랑이에 있는 임파선이 부어오르는 증상 탓에 이런 이름이 붙었다. 신체의 혈액 응고 체계가 무너지면서 괴사가 일어나 발가락과 손가락, 코끝이 검게 변했기 때문에 흑사병이라고도 불렸다. 페스트균은 벼룩을 통해 옮겨졌는데 한 번만 물려도 감염될 만큼 전염성이 강했다. 그뿐 아니라 치명률도 굉장히 높았다. 처음 증상을 보인 환자가 사망하기까지는 대략 일주일밖에 걸리지 않았다. 별것 아니라고 여겼던 성가시고 작은 벼룩이 유럽 전체에 거대한 죽음을 몰고 왔다.

  병원균을 옮기는 벼룩은 주로 설치류, 그중에서도 시궁쥐에 기생해 살았다. 당연히 숙주인 쥐 또한 균에 감염됐다. 수명이 얼마 안 되는 벼룩이 죽으면 새 벼룩이 감염된 쥐에 올라타 피를 빨아먹고 병원균에 감염됐다. 벼룩이 쥐에 균을 옮기고, 다시 쥐가 벼룩에 균을 옮기는 악순환이었다. 쥐는 중국에서 영국까지 먼 길을 이동하며 벼룩을 옮겼고, 벼룩은 가는 곳마다 사람들의 발목을 깨물었다. 그렇게 머나먼 동양에서 유럽까지 페스트가 퍼졌다.

  병이 사람을 가려가며 전염되지는 않지만 일부 부유층은 페스트를 피하는 데 성공했다. 대부분 복잡한 도심에서 벗어난 저택

삶의 마지막까지, 눈이 부시게

에 살고 있어 쥐와 벼룩으로부터 자유로운 이들이었다. 이탈리아 인문주의자 조반니 보카치오Giovanni Boccaccio도 1348년에 플로렌스(피렌체)에서 발발한 페스트를 피해 살아남았다. 보카치오는 1353년에 페스트의 잔학무도함을 담은 소설『데카메론』을 출간했다.[7] 소설의 배경은 플로렌스지만 그 속에 담긴 이야기는 페스트의 공격에 무력해진 유럽의 모습을 그리고 있다.

보카치오는 페스트가 플로렌스 사회 구조를 완전히 무너뜨렸다고 묘사했다. 도시는 병자를 격리하고, 위생을 철저히 관리하고, 신에게 기도하는 등 죽음으로부터 벗어나기 위해 최선을 다했지만 쥐와 벼룩의 침략을 막기엔 역부족이었다. 플로렌스 시민은 의사가 할 수 있는 조치가 별로 없다는 사실을 곧 깨달았다. 약은 듣지 않았고, 의사의 조언도 도움이 되지 않았다. 페스트는 아주 사소한 접촉에도 빠르게 전염됐다. 보카치오는 페스트 희생자가 입고 있던 낡은 옷가지를 찢는 돼지를 목격했는데, 희생자의 옷에 닿은 돼지는 "독에 중독된 듯 괴로움에 몸부림치기 시작했다."[8] 그리고 얼마 안 가 죽고 말았다.

혼돈 속 플로렌스 시민은 세 부류로 나뉘었다. 첫 번째 부류는 집에 몸을 숨기고 누구도 드나들지 못하게 문을 잠갔다. 이들은 언제 닥칠지 모르는 신의 응징을 두려워하며 최소한의 물과 음식만 섭취했다. 두 번째 부류는 죽음이 멀지 않았음을 직감하고 쾌락을 추구했다. 이들은 도망치거나 죽은 사람들이 남긴 빈집과 여관을 돌아다니며 주인 잃은 물건을 제 것처럼 사용했다. 플로렌스는 무법지대로 전락했다. 세 번째 부류는 중도를 택했다. 문을 잠그지도, 쾌락을 탐닉하지도 않았다. 이들은 꽃이나 달콤한 향기를 풍기는 허브를 손에 들고 산책에 나섰다. "썩어가는 시체, 전염병, 약 냄새가 뒤섞여 악취가 가득한 공기로부터 … 뇌를 보호하기 위해"[9] 식물을 코끝에 갖다 댄 채로 길거리를 걸어 다녔다.

죽음이 도시를 점령했다. 살아남기 위해 병에 걸린 가족조차 버려야 했다. 부모가 자식을 버리고, 아내가 남편을 떠났다. 보카치오는 당시 상황을 이렇게 묘사했다. "밤낮으로 죽어가는 환자가 너무 많아 직접 이 광경을 목격한 사람은 둘째 치고 단순히 소식을 전해들은 사람까지 놀라움을 감출 길이 없었다."[10] 역사학자들은 이때 발발한 페스트로 유럽 인구 3분의 1이 사망했다고 이야기한다.[11]

책에서 보카치오는 페스트가 창궐하기 전 죽어가는 이들을 돌보던 플로렌스 사회의 모습도 설명한다. 가족은 물론 이웃에 사는 여자들까지 환자가 누운 침상을 둘러싸고 위로와 애도를 표했다. 환자가 사망하면 가족과 여자들은 길거리로 나와 눈물을 흘리며 슬퍼했다. 여자들이 슬퍼하는 동안 남자에게는 다른 역할이 주어졌다. 이들은 집 밖에서 사제와 함께 기다렸다가 고인이 선택한 교회로 시신을 운반했다.

페스트가 창궐하면서 오래도록 이어져 온 장례 문화가 사라졌다. 누구도 죽어가는 이의 곁에 남아 위로의 말을 건네지 않았다. 시신 운구를 위해 집 근처에서 기다려주는 사람도 없었다. 성직자조차 죽은 이의 마지막 길을 안내하길 거부했다. 형편이 넉넉한 가정에서는 가난한 사람을 고용해 시체 처리를 맡겼다. 고인이 살아생전 어디에 매장되기 바랐는지는 중요하지 않았다. 가까이에 주인 없는 묘지가 있으면 그곳이 고인의 무덤이 됐다.

중하위 계층에 속한 사람들은 사정이 더욱 딱했다. 페스트를 피해 도망갈 시골 별장도 없고, 손을 거들 하인도 없는 가난한 사람들은 꼼짝 없이 동네에 갇혀 죽어갔다. 매일 밤낮으로 수천 명이 페스트에 감염돼 집과 길거리에서 생의 마지막을 맞이했다. 보카치오가 이야기하길, "시체가 썩어가면서 풍기는 악취가 가장 먼저 죽음을 알렸다. 온 사방에서 사망자가 속출하니 도시는 도저히 시체를 감당할 수 없었다."[12] 썩어가는 시체가 산을 이뤘다. 모든 살아있는 것은 죽음의 냄새를 피해갈 수 없었다.

누가 이런 광경을 상상이나 할 수 있을까? 셀 수 없이 많은 죽음을 목격한 나조차도 페스트가 유행했던 중세 유럽의 모습은 도저히 머릿속에 그려지지 않는다. 이 참상 속에서 탄생한 것이 바로 『아르스 모리엔디』이다.

최초의 『아르스 모리엔디』는 죽음을 준비하는 방법을 안내하는 소책자였는데, 이후 삽화가 추가되기도 했다. 페스트, 전쟁, 기근으로 대부분 일찍 생을 마감했던 1400년대에 들어서면서는 비슷한 내용의 서적이 부쩍 많이 출간됐다. 잘 죽으려면 잘 살아야 한다는 전제가 모든 주장의 바탕을 이뤘다. 또 잘 살기 위해서는 일생에 거쳐 다가올 죽음을 공동체 안에서 준비해야 했다.

이후 수 세기에 걸쳐 '아르스 모리엔디'가 하나의 문학 장르로 자리 잡았다. 서구 사회는 500년이 넘도록 어떻게 하면 잘 살 수 있을지, 또 잘 죽을 수 있을지 고민해왔다. 하지만 20세기에 접어들면서 사회는 고민을 멈췄다. 사회가 빠르게 변화하기 시작했기 때문이다. 자동차의 발전은 독립을 약속했다. 참정권론자는 해방을 가져왔다. 유성 영화, 텔레비전, 재즈는 낡은 오락을 대체했다. 항생제와 진통제는 삶 너머의 삶을 가져왔다. 이제 우리 문화는 더 이상 잘 죽는 방법을 고민하지 않는다. 아니, 애초에 죽음을 받아들이려고 하지 않는다.

새로운 '아르스 모리엔디'

이 책에서 나는 '아르스 모리엔디'라는 문학 장르를 설명하고 현대 감수성에 맞게 소개하려고 한다. 시구 문화를 중심으로 '죽음의 기술'을 이야기하고 있지만 종교적인 책은 아니다. 다만 수 세기 동안 유대교와 기독교가 서구 문화의 중심을 구성해온 만큼 이들이 미친 영향을 배제하지 않았다. 물론 종교를

삶의 마지막까지, 눈이 부시게

벗어나 실존적인 측면에서도 죽음에 대해 고민했다.

이 책은 더 나은 죽음을 맞이하려면 과거의 유산을 돌아봐야 한다는 생각을 바탕으로 내용을 전개한다. 따라서 병원에서 맞이하는 죽음과 제도화된 죽음에 어떤 문제가 있는지 먼저 확인한 후, 잊혀가는 아르스 모리엔디를 되살릴 방법을 살펴볼 예정이다.

나는 각 장에서 잘 죽기 위해 필요한 것이 무엇인지 고민하고, 죽음으로 향하는 여정과 죽음을 새로운 시각으로 바라볼 수 있도록 기회를 마련할 것이다. 이번 장에서는 터너 씨가 맞이한 세 차례의 죽음을 통해 이미 이 문제를 제기했다. 현대인은 제대로 죽는 법을 모른다. 컨베이어 벨트처럼 돌아가는 의료 체계는 환자나 보호자가 '정지' 버튼을 누르지 않는 이상 안타까운 죽음을 향해 계속 나아간다. 우리는 제대로 죽기 위해 노력해야 한다.

어떤 노력이 필요할까? 잘 죽으려면 유한성을 회복하고(제2장), 공동체 안으로 들어가야 한다(제3장). 유한성 회복과 공동체의 중요성은 아르스 모리엔디에도 잘 나타나 있다. 하지만 이 두 가지가 전부는 아니다. 좋은 죽음을 맞이하려면 지나치게 병원에 의존하는 태도를 경계해야 한다(제4장). 또, 의학이 아무리 발전해도 죽음에 대한 두려움을 제거할 수는 없으니 죽음을 용감히 직면하는 방법을 배워야 한다(제5장). 스스로 병들어가는 육체를 받아들이고 죽음을 향한 여정에 주변인과 동행해야 하는 이유를 설명할 것이다(제6장). 좋은 죽음을 목적으로 좋은 삶을 살기 위해서는 기나긴 숙고가 필요하니 종교(제7장)와 의례(제8장)의 역할에 대해서도 이야기할 예정이다. 마지막 장에서는 현대에 맞게 잘 살고 잘 죽는 방법을 구체적으로 설명해보려고 한다.

책의 주제가 죽음이니만큼 암울하게 느껴질 수도 있겠지만 전혀 그렇지 않다. 좋은 죽음은 좋은 삶에서 비롯된다. 앞으로 이어질 본문에서 우리는 생의 마지막을 늘 기억하며 잘 사는 방법을 이야기할 것이다.

제2장

메멘토 모리, 죽음을 기억하라

거트루드 카펠라 할머니는 매년 정기 검진을 위해 병원을 방문한다. 할머니는 나이에 비해 정신이 맑고 기력도 좋지만 청력을 거의 잃어 청각 장애인이나 마찬가지다. 귀가 들리지 않는 만큼 목청이 커 할머니가 병원에 오면 얼굴을 보기도 전에 소리로 알아챈다. 얼마 전 진료실을 찾은 거트루드 할머니는 목소리가 지난해보다도 훨씬 커졌다.

나는 할머니가 내 입 모양을 읽을 수 있도록 최대한 정확하게 말했다. 이미 네 번이나 거절당했지만 나는 할머니에게 다시 한번 보청기 구입을 권유했다. "의사 선생, 내 나이가 올해 아흔넷이라오." 역시나 할머니는 보청기를 살 생각이 없었다. "살 거였으면 벌써 몇 년 전에 샀지. 지금 사봤자 돈값도 못 한다오."

틀린 말은 아니었다. 언젠가 죽는다는 사실을 인정한다면 이런 결정은 타당하다. 진료가 끝나고 거트루드 할머니에게 심폐소생술과 생명유지에 대해 어떻게 생각하는지, 정기 검진을 받으러 꼬박꼬박 병원을 찾는 게 번거롭지는 않은지 물었는데, 생각지도 못한 대답이 나왔다.

"어떤 수를 써서라도 내 생명줄을 꼭 붙잡아주시오. 내 말 똑똑히 들었소?"할머니는 수십 년 동안 피운 담배가 심장과 폐에 심각한 손상을 입혔다는 사실을 잘 이해하고 있었다. 그럼에도 어느 날 갑자기 자기 심장이 멈추면 소생술을 받길 원했다. 폐 질환이 이미 손쓸 수 없이 번져 코에 튜브를 연결해 호흡을 유지하는 신세가 되더라도 필요하다면 기도 삽관과 인공호흡기 연결도 마다하지 않겠다고 이야기했다. 할머니는 생명유지를 위해 필요한 모든 의료 조치를 받을 기세였다.

이미 기능을 다한 심장을 억지로 뛰게 만들어봤자 아무것도 달라지지 않는다. 심장 박동을 되돌릴 수는 있겠지만 기름이 떨어진 자동차처럼 곧 다시 멈춰버린다. 또 심폐소생술을 하려면 갈비뼈를 강하게 압박해야 하는데, 골다공증을 앓는 할머니의 갈비뼈는 가느다란 나뭇가지만큼이나 쉽게 부러진다. 심폐소생술을 실시한다면 갈비뼈가 적어도 몇 대는 부러질 것이고, 뒤따르는 고통도 만만치 않을 것이다.

심폐소생술에 성공해도 인공호흡기 없이는 숨을 쉴 수 없다. 할머니의 폐 상태를 고려하건대, 두 번 다시는 자가 호흡을 못 할 것이다. 결국 병원에서 조금도 아름답지 않은 죽음을 맞이할 가능성이 크다.

하지만 할머니는 이런 대화를 거부했다. 할머니에게 심폐소생술은 생사의 갈림길에서 삶을 택하는 방법이었고, 그저 며칠이라도 더 살 수 있다면 그렇게 하겠다는 마음뿐이었다. 내가 어떤 미래를 예견하든 할머니는 쉽게 받아들이지 못하고 삶을 빼앗기지 않고자 무엇이든 하겠노라고 신신당부했다. 그 나이에 보청기는 낭비라고 이야기했지만 모순되게도 언젠가 들이닥칠 죽음은 상상조차 하지 못했다.

무한한 우주에서 인간은 잠시 스쳐가는 존재다. 유한한 신체에 갇힌 유한한 생물이다. 하지만 우리는 이 사실을 쉽게 잊는다. 과거에는 어땠는지 모르지만, 적어도 지금은 그렇다. 스스로 유한한 존재임을 거부하면서 좋은 죽음을 맞이할 수 있을까?

잘 죽고 싶다면 먼저 삶이 유한함을 받아들여야 한다. 죽음을 기껍고 반갑게 여기라는 말이 아니다. "나는 인간이니 언젠가 죽는다"라는 사실을 겸허히 받아들이고 죽음을 준비하라는 뜻이다. 삶을 포기하지 못하고 생명을 연장해준다는 온갖 방법에 끝없이 매달리면서 좋은 죽음을 맞이할 수는 없다. 아무리 노력해도 결국 피할 수 없는 일이라면, 그 일을 받아들이고 잘 준비하는 것이 더 현명하다.

"한낱 인간일 뿐!"

과거 인류는 죽음을 훨씬 자주 마주했다. 많은 여성이 아이를 낳다 목숨을 잃었고, 첫돌이 되기 전에 세상을 떠나거나 성년을 맞이하기 전 죽는 아이도 많았다. 살아남아 어른이 되더라도 대부분 중년을 넘기기 어려웠다.

전 세계적인 통계가 나오기 시작한 지는 얼마 안 됐지만, 지난 반세기 기록만 봐도 죽음이 얼마나 멀어졌는지 쉽게 확인할 수 있다. 1960년대에 52.5세였던 기대 수명은 2017년에 72.2세까지 증가했다.[1] 미국인 평균 수명은 79세 언저리까지 늘었다. 1960년대에는 전 세계 신생아 12.2퍼센트가 만 한 살이 되기 전에 사망했다.[2] 하지만 2017년, 신생아가 1년 이내에 사망할 확률은 2.9퍼센트로 떨어졌다. 병원이 생기기 전까지는 가정과 공동체에서 죽어가는 사람을 돌봤다(제4장 참고). 태어난 지 얼마 안 된 신생아 또한 가족 품에서 숨을 거뒀다. 주변에서 쉽게 죽음을 보고, 듣고, 만지고, 느낄 수 있는 시기였다. 죽음을 자주 접하는 만큼 자신이 맞이할 생의 마지막을 생각하기도 어렵지 않았다.

하지만 현대 사회에서는 인간의 유한성을 사색할 여유를 찾기 힘들다. 우리는 죽음의 그림자를 몰아내려 주변을 새것으로 가득 채운다. 최신 유행을 따라 매년 새로운 옷을 구입한다. 기술 발전은 이미 다음에 등장할 기술까지 염두에 둔 채 이루어진다. 건축물

삶의 마지막까지, 눈이 부시게

도 마찬가지다. 주기적으로 건물을 허물고 재개발을 실시한다. 과학자와 미용사는 젊음의 영약을 찾느라 그 어느 때보다 열을 올린다. 이 열정적인 몸짓에 죽음이 낄 틈은 없어 보인다.

오늘날에는 병원에서조차 노화나 죽음을 언급하지 않는다. 의사 대부분은 환자에게 죽음을 준비하라 말하는 데 어려움을 겪는다. 의료 행위를 하다 보면 나쁜 소식을 전해야 할 상황이 끊이질 않는다. 하지만 내가 의학을 공부하는 7년 동안 "나쁜 소식을 알리는 법"을 주제로 열린 워크숍은 단 두 번뿐이었다. 우리는 "암에 걸린 시한부 환자에게 죽음을 알리는 방법"처럼 직접적인 내용을 토의하는 대신 어려운 대화를 꺼내는 방법, 정확한 상황 설명을 위해 환자나 보호자에게 면담을 요청하는 태도, 안타까움을 적절하게 표현하는 법 등 기술적인 접근 방식에 집중했다. 물론 이런 기술도 중요하지만 이런 교육은 환자나 보호자와 깊은 대화를 나누는 데는 큰 도움이 되지 않는다. 의료 기술의 발전으로 죽음을 피하는 데 익숙해질수록 죽음을 이야기하기는 더욱 어려워질 것이다.

자신이 유한한 존재라는 사실을 받아들이고 미리 계획을 세우는 사람도 드물게 있지만 대부분은 평소에 자신의 죽음을 깊이 생각해보지 않는다. 우리는 경험한 적 없는 온갖 일을 머릿속에 잘 떠올린다. 열기구를 타고 떠나는 여행은 어떤 기분일지, 보라보라 섬에서 보내는 휴일은 얼마나 행복할지 상상하며 미리 영상을 찾아보거나 주변 사람과 이야기를 나눈다. 하지만 무슨 이유에선지 죽음에 관한 책을 아무리 많이 읽어도, 수술을 받다가 심장이 멎는 순간 온 세상이 하얗게 변하며 누군가 자신의 이름을 불렀다는 임사체험자의 이야기를 들어도 내가 존재하지 않는 세상을 상상하기는 쉽지 않다. 우리가 유한한 존재임을 받아들이기 어려운 이유도 바로 여기에 있다.

거트루드 카펠라 할머니 외에도 수많은 환자가 유한성을 받아들이지 못한다. 현대 사회에 만연한 젊음을 향한 열망 또한 이런 상상력의 결핍을 부추긴다. 어쩌면 유한성을 무시하려는 노력은 인간의 본능인지도 모른다. 그렇기 때문에 우리는 언제나 옆에서 죽음을 일깨워주는 존재가 필요하다.

고대 로마에서 전투에 승리한 장군은 도시가 떠나가라 울려 퍼지는 군중의 함성을 들으며 위풍당당하게 거리를 행진했다. 수레를 타고 승리를 뽐내는 장군 곁에는 늘 하인이 동승했다. 하인은 장군의 귀에 대고 "호미넴 테 메멘토!Hominem Te Memento"라고 반복해서 속삭였다.[3] "한낱 인간임을 잊지 마십시오"라는 뜻이었다. 하인은 장군이 자신을 신과 같은 불멸의 존재로 착각하지 않도록 현실을 일깨우는 역할을 수행했다. 매일같이 질병과 굶주림, 고된 노동에 시달리던 평민에게는 죽음을 속삭일 하인이 필요하지 않았지만 스스로 불멸의 존재라 여길 정도의 사람이라면 이야기가 달라진다.

우리도 승전보를 울린 로마 장군과 크게 다르지 않다. 지금 우리는 안락한 삶을 누리며 스스로 죽지 않는 존재라고 착각하고 있지는 않은가? 아마 대부분이 환상 속에 살고 있을 것이다. 우리도 인간의 유한성을 각인시켜줄 무언가가 필요하다. 어떤 자극이 현실을 일깨워줄까?

메멘토 모리

고대 그리스에서는 죽음을 일상처럼 받아들였다. 소크라테스는 죽어가는 과정과 죽음을 연습하는 것이 삶의 가장 중요한 목적이라고 가르쳤다.[4] 고대 히브리인의 생각 또한 크게 다르지 않았다. 히브리어 성경을 풀이하던 전도자, 즉 코헬레트Qohelet는 신의 뜻을 구하는 자들에게 젊고 건강할 때 신을 잊어서는 안 된다는 말을 전했다.[5] "고난의 날이 닥치기 전에, 아무 낙도 없다라고 이야기할 해가 다가오기 전에 신을 기억하라 … 흙은 땅으로, 숨은 그를 창조하신 신의 품으로 돌아갈지니." 전도자는 육체가 한 줌 흙으로 돌아갈 때를 미리 준비하라고 일렀다.

이렇게 고대부터 죽음을 상기하던 관습은 시간이 흐르면서 시각적인 요소로 이어졌다. 이를 '메멘토 모리Memento Mori'라고 한다. 이 표현은 '기억하다' 또는 '명심하다'라는 뜻을 지닌 라틴어 '메미니memini'와 '죽다'는 뜻을 지닌 라틴어 '모리오르morior'가 결합해서 탄생했다. 두 단어를 연결하면 "잊지 마라! 너는 죽는다!"라는 경고가 된다. 현대 영어권 국가에서는 죽음을 일깨우기 위한 목적으로 '메멘토 모리'라는 표현을 사용한다.

이 표현은 회화와 조각에서부터 음악, 문학, 춤, 보석, 심지어는 해골과 머리카락 다발까지 다양한 형식으로 나타난다. 해골은 죽음을 상징했고, 날개 달린 해골은 사후 세계를 의미했다. 묘비 위에 시계나 모래시계를 그린 그림은 인생의 덧없음을 떠올리게 했다. 얼핏 보면 지나치게 죽음만 강조하는 듯하지만 '메멘토 모리'는 중세 유럽에서 삶의 우선순위를 정하는 데 도움을 주는 중요한 도구였다. 중세 유럽 사람은 죽음을 바라보며 삶을 꾸려나갔다.

'메멘토 모리'의 대표적인 형태로 바니타스 회화를 꼽을 수 있다. '바니타스'라는 명칭은 "헛되고, 헛되니, 모든 것이 헛되다"라는 코헬레트의 유명한 설교 구절에서 비롯됐다.[6] 무한한 것에 비해 모든 유한한 것은 사소하고, 하찮고, 헛되다. 코헬레트는 이렇게 말했다. "언젠가 한 줌 흙으로 돌아갈 것을 기억하라."[7]

바니타스 회화는 인간의 유한성을 나타내기 위해 그린 정물화다. 샹파뉴Philippe de Champaigne가 1671년에 그린 〈바니타스〉라는 제목의 정물화는 검은색을 배경으로 회색 판 위에 있는 물건 세 개를 그린다. 회색 판은 선반이나 식탁 상판, 또는 석관의 뚜껑으로 보인다. 왼쪽에 자리한 물건은 이파리 끝이 노랗게 물든 빨간 튤립으로, 물을 가득 채운 둥근 유리병에 담겨 있다. 움직임 없는 튤립은

바니타스

얼마 못가 시들 것만 같아 보인다. 중간에는 해골이 있다. 튤립과
마찬가지로 움직임은 없지만 이미 생명을 잃었다. 오른쪽에는 모
래시계가 있다. 모래시계에는 움직임은 있지만 생명은 없다.

이 그림은 두 가지로 해석할 수 있다. 먼저 삶(튤립)과 죽음(해
골)이 시간문제(모래시계)일 뿐이라는 해석이다. 또는 삶과 아름다
움, 시간은 모두 헛되며 확실한 것은 죽음밖에 없다는 해석도 가능
하다. 화가가 어떤 의도로 그림을 그렸는지는 정확히 알 수 없지만
구성이 워낙 단순해 다른 해석을 내놓기는 쉽지 않다. "우리 모두
언젠가 죽는다는 사실을 잊지 마라!" 거트루드 할머니가 90년 동
안 거실에 해골 그림을 걸어놓고 살았더라면 인생의 마지막을 맞
이하는 태도가 지금과 달랐을까?

45

중세 유럽에서 다양한 형태로 제작된 '메멘토 모리'는 선풍적인 인기를 끌었다. 어쩌면 그 정도가 지나쳤는지도 모른다. '메멘토 모리'가 흔해질수록 관심을 가지는 사람은 줄어들었기 때문이다. 『데카메론』의 배경이었던 플로렌스에서 그랬듯, 지척까지 다가온 죽음에 조금도 영향을 받지 않거나 먹고 마시며 향락을 즐기는 이들도 있었다. 이들에게 필요한 건 단순히 죽음을 기억하기 위한 장치가 아니라 죽음 앞에서도 유희를 좇는 이들을 교화하고 바람직한 죽음을 준비할 수 있도록 돕는 '아르스 모리엔디', 즉 죽음의 기술이었다.

죽음에 관한 지식

14세기 중반, 페스트가 유럽을 휩쓸었다. 어딜 가나 시체 썩는 냄새가 코를 찔렀다. 이 시기에는 구태여 인간의 유한성을 상기할 필요가 없었다. 페스트를 이겨낸 후 유럽인에게는 보다 실용적인 지혜가 필요했다. 죽음을 준비하는 방법, 대문을 두드리는 죽음의 신을 맞이하는 방법을 알아야 했다.

하지만 문제가 있었다. 당시 유럽 사회의 주축이었던 가톨릭교회가 곪아가고 있었다. 1378년부터 1417년까지 두 세 명의 인물이 동시에 교황을 자처하고 나섰다. 당연히 교회는 분열됐다. 몇십 년

삶의 마지막까지, 눈이 부시게

동안 이어진 정치적 분쟁으로 쇠약해진 가톨릭교회는 병들고 굶주린 이들을 챙길 만큼 여유롭지 못했다.

1414년부터 1418년까지, 분열된 교회를 회복하고 고통받는 평신도를 구제하기 위한 목적으로 콘스탄츠 공의회Council of Konstanz가 소집됐다. 회의에서 가장 우선시한 과제가 무엇이었을까? 바로 "죽음을 잘 준비하는 방법"을 찾는 일이었다. 파리대학교 총장이었던 장 샤를리에 제르송Jean Charlier Gerson이 중요한 역할을 했다.

제르송은 죽음을 주제로 많은 글을 썼다. 그중 한 소책자는 '스키엔티아 모르티스Scientia mortis', 즉 "죽음의 지식"이라는 내용을 포함했는데, 여기에서 제르송은 죽어가는 이들을 돌보는 방법을 설명했다. '스키엔티아 모르티스'가 훗날 '아르스 모리엔디'의 모델이 되어 서구인이 죽음에 접근하는 방식을 바꿔놓으리라고는 생각조차 못했을 것이다.

'스키엔티아 모르티스'는 어른과 아이, 사제와 신도를 포함한 모든 공동체 구성원이 죽어가는 이들을 살필 수 있도록 실질적인 도움을 준다. 제르송은 병들어 죽어가는 사람을 격려하고, 대화를 이끌어내고, 그들을 대신해 기도하는 방법을 자세히 설명한다.[8] "무미건조하고 불쾌한 기도서"라는 혹평을 받기도 했지만 제르송의 소책자는 큰 인기를 끌었다.[9]

안내서가 대개 그렇듯 '스키엔티아 모르티스' 또한 재미있는 책은 아니다. 하지만 여기에 나온 내용이 거름이 되어 '아르스 모리엔디'가 풍부한 꽃을 피웠다.

공동체 안에서 맞이하는 죽음

1415년, 장 샤를리에 제르송의 '스키엔티아 모르티스'에 영감을 받은 한 작가가 익명으로 「잘 죽는 기술에 관한 논문*Tractatus artis bene moriendi*」을 출간했다.[10] 이 논문의 제목에서 훗날 '아르스 모리엔디'가 탄생했다는 이야기가 있다.[11]

600년이 넘는 긴 세월이 흐른 오늘날에도 우리에게는 이런 안내서가 필요하다. 원작을 21세기에 똑같이 적용할 수는 없겠지만 아르스 모리엔디에 담긴 깊은 지혜는 우리가 어떻게 좋은 죽음을 맞이할 수 있을지 알려준다. 몇 가지 요점을 미리 알아보자.

먼저 우리는 젊고 건강할 때도 언제든지 죽음이 들이닥칠 수 있다는 사실을 받아들여야 한다. 아르스 모리엔디는 죽음이 옳은지 그른지는 판단하지 않는다. 다만 "흔쾌하고 기꺼이 죽음을 받아들여야 한다"는 조언을 전할 뿐이다.[12] 죽음이 먼 훗날의 일처럼 느껴질 때에도 생의 마지막을 준비해야 한다.[13] 이 세상에는 죽음을 원하지 않았지만 결국 갑작스럽게 죽음을 맞이하는 사람이 수도 없이 많다.

아르스 모리엔디는 공동체 안에서 맞이하는 죽음을 가장 좋은 죽음으로 여긴다. 혼자 죽으면서 잘 죽는 사람은 거의 없다. 때로는 모두가 병실을 떠나길 기다렸다가 혼자 남았을 때 숨을 거두는 사례도 있다. 살았을 때 남에게 부담주기 싫어하던 사람은 죽을 때도 비슷한 모습을 보인다. 이들은 밤이 깊어 다들 병실을 떠나면 그제야 편히 눈을 감는다. 이런 배려심 깊은 죽음은 예외적인 사례이고 여기에서 말하는 외로운 죽음은 곁에 남은 이 하나 없어 혼자 죽는 경우다. 아무런 정신적 지지 없이 홀로 죽음을 향해 나아가는 사람은 형편없는 마지막을 맞이한다. 이에 관해서는 다음 장에서 더 자세히 다룰 예정이다.

아르스 모리엔디는 외로운 죽음을 예방하기 위한 상세한 지침을 제공했다. 가족과 친구는 죽어가는 이의 침대 곁에 모여 죽음에 관해 이야기했다. 이때, 곧 병을 이겨낼 것이라는 등 환자에게 거짓 희망을 심어주지 않도록 해야 했다. 공동체 구성원은 죽어가는 이가 죄를 뉘우치도록 격려했다. 자신의 영혼을 무시하고 몸이 회복될 것을 믿기보다, 두렵지만 육체적 한계를 인정하고 신의 품으로 돌아가는 편이 낫다는 논리였다. 공동체 사람들은 죽어가는 이웃을 위해 성경을 읽어주고 기도했다. 아르스 모리엔디는 병상에 누워있는 사람과 특별히 가까운 사이가 아니더라도 각자 맡은 역할을 충실히 수행하길 조언했다. 15세기에 죽음은 공동체가 함께 감당해야 할 사건이었다.

아르스 모리엔디 독자들은 죽어가는 사람이 직면하는 감정에 가장 큰 흥미를 나타냈다.[14] 사람은 죽음을 앞두고 절망, 불신, 조급함, 오만, 탐욕에 휩쓸리곤 한다. 아르스 모리엔디는 이런 감정에 빠진 이들에게 건넬 구체적인 위로의 말을 알려주었다. 실제로 죽음을 앞둔 사람이 아니고는 죽어간다는 것이 어떤 기분인지 짐작하기 어렵다. 아르스 모리엔디는 독자가 생의 마지막을 앞두고 느끼는 복잡 미묘한 감정을 미리 알 수 있게 도왔다.

어떤 일이든 잘해내기 위해서는 노력이 필요하다. 죽음도 예외는 아니다. 아르스 모리엔디는 짧은 질문과 답변을 반복하며 짧은 기도문을 암송한다든지 신념을 긍정하는 등 죽어가는 사람이 하면 좋을 행동을 자세히 묘사했다. 이는 페스트 확산 등 극단적인 사건으로 성직자가 부족해졌을 때 큰 도움이 됐다. 아르스 모리엔디는 가톨릭에 뿌리를 두고 있었지만 독자가 신실한 기독교인이어야 한다는 전제를 달지 않았다. 현대 다원주의 사회에도 이 지혜를 적용할 수 있는 이유가 여기에 있다.

메리 캐서린 오코너에 따르면, "아르스 모리엔디의 저자는 반복되는 표현을 통해 죽음의 기술이 신실하고 헌신적인 사람뿐 아니라 '세속적이고 탐욕적인' 사람에게도 허락됐다는 사실을 강조한다. 사실 책에는 교인이 자아도취에 빠져 죄악을 저지를까 봐 작품 완성 후 뒤늦게 종교인을 내용에 포함시킨 것으로 짐작되는 부분도 있다."[15]

아르스 모리엔디는 모두를 위한 기술이다. 아르스 모리엔디는 청년과 노인, 빈곤층과 부유층, 신앙이 있는 사람과 없는 사람 모두가 좋은 삶을 살면서 잘 죽는 기술을 익혀야 한다고 강조했다. 제르송이 쓴 소책자를 토대로 탄생한 아르스 모리엔디는 "죽음과 관련된 모든 지혜를 담은 지침서이자 건강을 잃기 전 미리 알아둬야 할 지식을 담은 안내서로 누구도 피해갈 수 없는 중요한 순간이 오면 언제든 손에 닿을 수 있는 곳에 보관해야 하는 책"이다.[16] 아르스 모리엔디의 주제를 요약하면 다음과 같다. "건강할 때 미리 죽음을 준비하라. 그리고 언제나 이 책을 곁에 둬라."

죽음 안내서 또는 "죽음과 관련된 모든 지혜를 담은 완전한 지침서"라는 장르는 15세기 중후반에 선풍적인 인기를 끌었다. 엘리트층이 완벽한 신사 숙녀로 거듭나겠다며 스스로를 가꾸는 데 집착한 시기이기도 했고, 인쇄술이 발달하면서 예의범절과 품위를 주제로 한 자기계발서가 널리 보급된 시기이기도 했다. 당시엔 온갖 기술을 설명하는 책이 등장했다. 테이블 나이프 다루는 법, 대화에 참여하는 법, 체스 두는 법, 구애하는 법, 심지어 예의 바르게 눈물 훔치는 법을 다룬 책도 있었다. 잘 죽는 방법을 주제로 한 책도 자연스럽게 그 사이에 섞여 들어갔다.

하지만 대화의 기술을 담은 안내서와 달리 아르스 모리엔디는 엘리트층만을 위한 책이 아니었다. 이 책은 1418년에 콘스탄츠 공의회에 참여한 회원이 자국으로 돌아가면서 갖고 들어가 유통되기 시작했고, 얼마 뒤 인쇄기가 도입되며 본격적으로 배부됐다. 첫 번째 소책자가 출간되고 수십 년 후에는 요약된 각색본이 등장했다. 각색본은 똑같이 아르스 모리엔디라는 제목으로 알려졌으며, 주로 목판화 삽화로 구성됐다. 교육을 받지 못해 글을 읽지 못하는 사람을 포함한 모든 사람이 죽음을 준비할 수 있도록 삽화를 통해 내용을 전달하기 위함이었다.

잘 죽기 위해 고민하다

앞에서 이야기했듯 삽화를 곁들인 아르스 모리엔디는 1450년대 전후에 유통되기 시작했지만 삽화를 그린 화가의 정체는 밝혀지지 않았다. 많은 삽화에 'E.S.'라는 이니셜이 새겨져 있는데, 학계에서는 당시 인쇄업에 종사했던 독일 판화가 겸 금세공인의 것으로 추측한다. 미술사학자는 장인의 경지에 다다른 익명의 예술가에게 '마스터'라는 존칭을 부여한다. 미스터리한 삽화가 E.S. 역시 마스터로 인정받았다.

마스터 E.S.는 글로 된 아르스 모리엔디에서 가장 인기 있었던 부분, 죽음을 맞이하는 이들이 마주하는 다섯 가지 유혹을 그리는 데 특히 공을 들였다. 마스터 E.S.가 제작한 목판화 열한 점 중 다섯 점은 각각의 유혹을 묘사하고, 다섯 점은 유혹을 이겨낸 결과를 묘사한다. 즉, 불신을 그린 그림은 믿음을 격려하는 그림과 짝을 이루고, 절망은 희망과, 조급함은 인내와, 오만은 겸손과, 탐욕은 속세를 초월한 태도와 짝을 이룬다. 다가오는 죽음에 끊임없이 고통받는 이들이 얼마나 격한 감정에 사로잡혔을지, 또 그 감정으로부터 얼마나 벗어나고 싶을지 예상하기는 어렵지 않다. 조급함과 인내를 나타낸 삽화를 자세히 살펴보도록 하자.

첫 번째 삽화에서 죽어가는 남자는 잔뜩 화난 표정으로 침대 위에 누워있다. 얇은 이불은 벌거벗은 몸 일부만 덮는다. 남자는 의사로 보이는 수행원을 쫓아내려는 듯 왼 다리를 내밀어 휘두른다. 온화한 표정을 한 여성이 침대 뒤편에 서서 안타까움을 표현한다. 그림 오른쪽 위에 "고통 받는 모습을 보라"라고 쓰인 라틴어 글귀가 여자의 심정을 대변한다. 침대맡에 놓인 식탁은 뒤집어졌다. 바닥에는 그릇, 컵, 칼, 숟가락이 나뒹군다. 쟁반에 음식을 담아온 젊은 여성은 어디에 상을 차려야 할지 갈피를 못 잡고 침대 발치를 서성인다.

조급함의 유혹

삽화가는 그림을 보는 사람이 조급함의 원인을 병에서 찾지 않도록 날개 달린 악마를 구석에 그려 넣었다. 이 사악한 생물은 "보기 좋게 속아 넘어갔구나!"라며 침대 옆 그림자 속에 숨어 자신이 벌인 참상을 보고 즐거워한다. 그림은 이런 교훈을 준다. "죽음은 쉽지 않다. 우리는 죽음 앞에서 조급해진다." 보기 좋은 그림은 아니다. 인내를 그린 삽화가 없었더라면 이 그림은 죽어가는 이들에게 두려움만 불러 일으켰을 것이다.

조급함과 짝을 이룬 그림에는 천사가 등장한다. 천사는 죽어가는 남자 곁을 지키며 인내심을 발휘하도록 격려한다. 침대 머리맡에는 하느님 아버지와 가시관을 쓴 예수가 고통받는 남자에게 사랑을 표현하고 있다.

인내의 위안

또한 임종이 다가오는 침대 주변에는 순교자martyrs 네 명이 자리한다. 그리스어 마터martyr는 '증인'을 의미하는데, 이 네 명의 성인聖人은 모두 끔찍한 죽음을 경험한 이들로 죽어가는

삶의 마지막까지, 눈이 부시게

남자의 고통을 증언한다. 1세기에 돌에 맞아 죽은 성 슈테판Stephen 은 자신에게 죽음을 가져다준 돌을 품에 안고 침대 발치에 서있다. 네 명 중 가장 뒤에 자리한 성 로렌스는 3세기에 화형당했다. 성 로렌스는 자신이 밟고 서서 불타 죽은 격자무늬 판을 손에 들었고, 성 로렌스와 동시대를 살아간 성녀 바르바라Barbara는 탑을 안고 있다. 전설에 따르면 바르바라의 아버지는 세상의 유혹으로부터 딸을 떨어뜨리기 위해 바르바라를 탑에 가뒀다고 한다. 바르바라는 아버지에게 자신이 기독교로 개종했음을 알리고 목이 잘려 죽었다. 4세기에 순교한 성 카타리나Catherine는 고문에 사용된 바퀴를 들고 있다. 삽화를 감상하는 독자는 이미 모든 과정을 겪은 순교자의 존재를 통해 죽어가는 남자가 육체적 고통을 견딘 후 곧 모든 괴로움을 초월하고 평화를 누릴 수 있음을 깨달았을 것이다.

15세기 사람이라면 누구나 어렵지 않게 중세 목판화에 담긴 의미를 이해했다. 문제는 평민 신분으로는 목판화를 구하기가 힘들다는 데 있었다. 나무에 섬세한 세공을 가하는 목판화 제작은 9세기부터 이루어졌지만 서유럽 국가에서 아르스 모리엔디 삽화본을 인쇄해 시장에 배부하려면 저렴한 종이 공급이 꾸준히 이루어져야 했다.[17] 유럽의 제지 공장은 선페스트가 유행한 지 100년이 지난 후에야 원활하게 가동됐고, 이때 드디어 목판화도 전성기를 맞이했다. 마스터 E.S.가 그린 삽화가 널리 알려지자 아르스 모리엔디의 인기는 하늘 높은 줄 모르고 치솟았다.

마스터 E.S.의 작품은 유명세를 얻었고, 여러 언어로 번역됐다. 1651년, 영국 성공회 성직자 제레미 테일러가 아르스 모리엔디를 『성스러운 죽음의 규칙과 실행 *The Rules and Exercises of Holy Dying*』이라는 제목으로 개신교 교리에 맞게 개정해 출판했고, 이후 다양한 개정 판이 나왔다. 19세기 중반에는 마침내 미국에 상륙했는데, 종교적인 성격은 거의 사라져 비교적 쉽게 주류 문화에 녹아들었다. 미국으로 건너온 아르스 모리엔디는 건강 관리 지침, 노래, 시를 통해 잘 죽는 방법을 조언했다.[18]

역사학자 드루 길핀 파우스트는 남북전쟁을 주제로 한 책 『고난의 미국 *This Republic of Suffering*』에서 세속적인 시각으로 죽음의 기술을 설명했다. 파우스트가 쓴 글을 일부 인용해보자.

> 1860년까지는 좋은 죽음을 정의하는 요소 중 다수가 신학에 뿌리를 내리고 있었다. 하지만 특정 종교에게만 허락되었던 좋은 죽음이 이제 남과 북에 사는 모든 중산층에게도 허락되었다. 어떻게 죽느냐에 관한 문제는 여전히 가톨릭과 개신교 논의의 중심이지만 이제는 단순히 종교적인 차원을 넘어 보다 광범위한 신념을 가지고 인생의 의미와 뜻깊은 마지막을 찾는 사람이 증가하고 있다.[19]

잘 죽는 방법은 보편적인 고민이 됐다. 이제는 특정 종교를 믿든

삶의 마지막까지, 눈이 부시게

아니든, 나이가 많든 적든 모든 사람이 자기계발서를 파고들며 다가올 죽음을 단단히 준비한다. 우리는 결코 어느 날 찾아온 죽음에 맥없이 끌려가지 않을 것이다.

이제 찾아보기 힘든 '죽음의 기술'

아르스 모리엔디 문학은 15세기부터 20세기 초반까지 수백 년 동안 유럽과 미국 문화에 큰 영향을 미쳤다. 하지만 매년 정기 검진을 빼놓지 않는 거트루드 카펠라 할머니가 태어날 즈음부터 죽음의 기술은 힘을 잃었고 '삶의 기술'이 그 자리를 대신하기 시작했다.

변화는 미묘했다. 아르스 모리엔디는 독자에게 좋은 죽음을 목표로 좋은 삶을 가꾸라고 가르쳤지만 20세기 초반부터 사람들은 죽음을 외면하고 온통 좋은 삶에만 집중했다. 이들에게 죽음과 죽음을 향한 과정은 더 이상 중요하지 않았다.

1920년대에는 비약적인 경제 성장을 이루며 완전히 새로운 삶의 방식이 펼쳐졌다. 너 나 할 것 없이 자동차를 타고, 라디오를 듣고, 영화를 보며 유명인의 삶을 따라 했다. 산업은 호황을 누렸고, 최신 소비재가 대화의 중심이었다. 제1차 세계대전으로 남편을 잃은 과부는 과거의 애도 방식을 거부했다. 여성은 투표권을 얻었고,

젊은이는 춤을 추러 다녔다. 근대 사회의 끝이자 현대 사회의 시작이었다.

획기적인 의학 발전이 이루어지며 생명 연장의 꿈이 현실로 다가왔다. 죽음도 치료하는 시대가 올지도 모른다는 희망이 피어났다. 1928년, 알렉산더 플레밍이 페니실린을 발견하며 항생제 개발에 박차를 가했다. 1950년대 중환자실에서는 심폐소생술을 실시하고 인공호흡기를 부착해 이미 심장이 멎은 환자를 성공적으로 되살려내기 시작했다. 1950년대에는 장기를 이식하는 수술로 기적을 보여줬다. 이렇게 대단한 진보가 이루어지는 와중에 누가 삶의 유한성을 고민하겠는가? 이미 아흔을 훌쩍 넘긴 카펠라 할머니가 죽음을 준비하길 거부했다 해도 전혀 놀랄 만한 일이 아니다.

동료 의사 한 명이 자기 할아버지 이야기를 해준 적이 있다. 할아버지는 솜씨가 무척 뛰어난 목수였다. 뚝딱 망치를 휘두르면 우아한 가구가 탄생했다. 실력을 인정받아 교회부터 술집까지 다양한 장소에 멋진 목조 벽을 세웠다.

예술성을 뽐내던 할아버지는 어느 날 자신이 죽은 뒤 묻힐 나무 관을 짜기 시작했다. 가족은 할아버지가 혹시 심각한 병을 앓고 있는 건 아닌지 걱정했지만 거창한 이유는 없었다. 그저 직접 할 수 있는 일에 굳이 돈을 낭비할 필요가 없다고 생각했을 뿐이다. 할아버지는 언젠가 자신이 누울 관을 짜며 다가올 죽음을 준비했다. 그런 모습을 바라보는 가족 또한 할아버지가 없는 미래를 상상해볼 수 있었다.

　현대인은 죽음에 익숙하지 않다. 하지만 좋은 죽음을 맞이하고 싶다면 자신의 삶이 영원하지 않다는 사실을 인정해야만 한다. 이를 돕기 위해 기술 발전을 활용한 사례도 있다. 유한성을 거부하는 현대인의 무지를 일깨우기 위한 앱도 있다. 위크록WeCroak은 하루에 한 번 무작위로 "하던 일을 잠시 멈추고 죽음에 관해 생각하는 시간"을 알리는 알람을 보낸다.[20] 그리고 알람과 함께 "묘지에는 해가 들지 않는다" 같은 죽음을 주제로 한 명언이 화면에 나타난다.

　승전보를 울린 로마 장군처럼 우리에게도 인간의 유한성을 일깨워주는 누군가 또는 무언가가 필요한지도 모른다. 로마 장군, 메멘토 모리, 아르스 모리엔디는 유한성을 인정하는 것이 개인과 공동체의 공동 과제라는 사실을 알려준다.

　특히 의사들은 인간의 유한성을 반드시 인식해야 한다. 우리 세대가 다시 한번 죽음의 기술을 익히려면, 환자에게 제공할 수 있는 치료의 한계를 의사가 올바르게 인식해야만 한다. 의사가 온갖 생명 연장 치료로 환자를 유혹하며 불멸에 대한 환상을 심어주다 보면, 달콤한 거짓말에 속아 넘어간 환자는 결국 죽음을 현명하게 준비하지 못한 채 삶의 마지막을 맞이한다. 이에 관해서는 마지막 장에서 다시 언급하겠다.

　아르스 모리엔디는 개인이 혼자 죽음의 기술을 배우길 바라지 않는다. 개인이 공동체의 지지를 필요로 하듯, 공동체 또한 병들어 죽어가는 개인을 위로하는 과정에서 힘을 얻을 수 있다. 다음 장에서는 외로운 죽음을 피하는 법에 대해 알아보자.

삶의 마지막까지, 눈이 부시게

제3장

외로운 죽음을 피하려면

후안 플라자와 로널드 로드리게스는 소외된 뉴욕 시민, 즉 고독사한 이들을 대신해 다양한 업무를 처리한다. 이들은 친구나 가족 없이 홀로 죽음을 맞이한 사람의 집을 구석구석 뒤져 사망자의 신분을 알려줄 만한 물건과 경매에 붙일 귀중품을 찾아낸다.

시신이 부패하는 냄새가 난다는 신고가 점점 많아지고 있다. 신고를 받은 구급대원은 사망 선고를 내리고, 경찰관은 사망자의 친인척을 찾기 위해 노력한다. 시신을 발견한 지 9일이 지나도록 아무도 나타나지 않으면 사건은 퀸즈 자치구 행정사무소로 이전된다. 잘 알려지지는 않았지만 뉴욕시 각 자치구에는 고독사한 시민의 재산을 처리하는 행정 기관이 따로 있다. 플라자와 로드리게스

제3장 외로운 죽음을 피하려면

도 퀸즈 자치구 행정사무소에서 일한다.

플라자와 로드리게즈는 방호복과 호흡 마스크, 수술용 신발 덮개를 꼼꼼히 착용한 후 사망자의 집으로 들어간다. 바이러스와 싸우는 의료진과 비슷한 모습이다. 두 사람은 고인의 시계, 노트북, 사진, 소득 신고서 등 친인척 관계를 밝히는 데 도움이 될 만한 모든 물건을 챙긴다. 현대 사회에도 '메멘토 모리'가 있다면 이보다 적합한 직업은 없을 것이다. 플라자와 로드리게스는 종일 유품을 뒤지며 자신도 언젠가 죽는다는 사실을 곱씹는다.

『뉴욕타임스』 소속 기자 N. R. 클라인필드는 「조지 벨의 외로운 죽음」이라는 기사에서 플라자와 로드리게스가 수사관으로 일하며 어떤 변화를 경험했는지 이야기한다.[1] 지척에 드리운 죽음의 그림자를 느낀 로드리게스는 매일이 '삶의 마지막 날'이라 생각하며 충실한 삶을 살기 위해 노력한다. 플라자는 '홀로' 죽는 일이 없도록 자기 주변을 살뜰히 살핀다. 주기적으로 공동체 행사에 참여하고, 하루도 빼놓지 않고 친구들에게 메시지를 남긴다. 플라자는 어느 날 갑자기 자신의 연락이 없어지면 누구든 찾아와 자신의 시신을 찾아줄 것이라 믿고 있다. 무슨 일이 있어도 조지 벨처럼 죽은 지 6일이 지나서야 발견되고 싶지는 않다.

조지 벨은 정말 외롭게 죽었을까? 클라인필드가 쓴 기사는 만족스러운 대답을 주지 않는다. 사실 어떤 죽음이 외로운지 그렇지 않은지 판단하기는 쉽지 않다.

삶의 마지막까지, 눈이 부시게

　　　　　　클라인필드는 조지 벨의 마지막을 '외로운 죽음'이라고 표현했다. 하지만 외로움은 혼자 있을 때 느끼는 감정일 뿐이다. 우리는 매일 샤워를 하거나 대소변을 보는 등 혼자만의 시간을 보낸다. 하지만 혼자 화장실을 사용하면서 외로움을 느끼는 사람은 없다. 벨에게는 종종 시간을 함께 보내는 친한 친구가 한 명 있었다. 친구의 이름은 프랭크 버튼이었는데, 두 사람은 벨이 사망하기 전 주에도 만나서 대화를 나눴다. 하지만 버튼이 이야기하길, 벨은 좀처럼 개인사를 입 밖에 내는 일이 없었다고 한다. 또한 벨은 물건을 사 모으는 버릇이 있었는데, 클라인필드는 벨의 소비 습관을 두고 고인이 생전에 '비논리적인 행동'을 유발하는 정신병을 앓았을지도 모른다는 글을 썼다. 하지만 이 행동이 외로움에서 기인했다고 결론을 내리기에는 무리가 있다. 어쨌든 이제는 알 길이 없다.

　어쩌면 이 기사를 읽은 독자들 상당수가 시체 썩는 냄새로 임종을 알린 고인이 '외롭게' 죽었을 것이라고 꼬리표를 붙였을지도 모른다. 후안 플라자가 그랬듯 사람은 대개 홀로 맞이하는 죽음을 두려워한다. 그런 공포가 기사를 읽는 사람으로 하여금 조지 벨의 최후를 외로운 죽음으로 속단하게 했다.

　클라인필드에 의하면 벨은 어디에나 있을 법한 평범한 남자였다. 어딜 가나 발 디딜 틈 없이 북적이는 뉴욕에서 어떻게 아무도 모르게 혼자 죽는 사람이 나올 수 있는지 궁금했고, 답을 찾기 위해 벨의 죽음을 취재하기 시작했다. 그의 기사는 쓸쓸히 죽어간 벨의 삶에 의미를 부여했을 뿐 아니라 홀로 마지막 숨을 거두는 많은 뉴욕 시민의 삶과 죽음을 돌아보게 만들었다. 뉴욕만이 아니었다. 조지 벨의 죽음이 보도되고 2년 뒤에는 지구 반대편에서 똑같은 현상이 일어나고 있다는 기사가 신문에 실렸다. "일본, 외로운 죽음을 맞이하다." 오니시 노리미츠가 쓴 기사의 제목이었다.[2] 91세 미망인 이토 치에코 부인의 이야기와 일본 대형 아파트 단지에서 고독사하는 사람이 느는 추세라는 내용이 주를 이뤘다.

이토 부인은 제2차 세계대전이 끝난 뒤 도키와다이라 단지로 이주했다. 현대화가 진행되며 일본 사회가 발전하던 시기였다. 똑같이 생긴 건물 171채에 4,800가구가 입주한 대규모 아파트 단지에는 세탁기, 텔레비전, 냉장고를 포함한 최신 가전제품이 완벽히 구비돼 있었다. 남편은 일주일에 하루 빼고는 매일 기차를 타고 도쿄에 있는 회사로 출근했고, 이토 부인은 아파트 단지 안에 있는 유치원에서 아이들을 가르쳤다. 아파트 단지에는 활기가 넘쳤다. 놀이터와 수영장에는 아이들이 뛰놀았고, 깔깔대는 아이들의 웃음소리가 끊이질 않았다. 하지만 아이들이 자라고 부모가 늙어가면서 아파트 단지를 가득 채우던 생기는 어느새 사라졌다.

1992년, 이토 부인은 3개월 사이에 남편과 딸을 모두 잃었다. 수

양딸이 있었지만 교류는 드물었다. 시간이 흐르면서 가까운 친구, 지인, 형제자매가 하나둘 세상을 떠났다. "25년 동안 외로운 삶을 살았어요." 이토 부인은 이렇게 말했다. "나만 두고 먼저 간 이들을 탓해야지. 화가 난다오." 시간이 갈수록 고독사는 점점 많아지고 있다. 2000년에는 이토 부인이 거주하는 아파트 단지에서 일어난 고독사가 처음으로 대중의 관심을 끌었다. 한 노인이 사망한 지 3년이 지나서야 발견된 안타까운 사건이었다. 공과금이 매달 자동이체된 까닭이었다. 통장 잔고가 바닥나 세금이 연체되자 정부에서 노인이 살던 집을 찾아왔는데, 구더기가 이미 살을 몽땅 파먹고 백골만 남아있었다.

2017년 여름, 일본의 한 유명 잡지에는 매주 약 4,000명이 고독사하고 있다는 기사가 실렸다. 일본 대규모 아파트 단지에 거주하는 많은 노인이 혼자 외롭게 죽어가고 있다. 공동체가 부족한 탓이다. 17세기 프랑스 수학자 블레즈 파스칼은 다음과 같이 냉정하게 말했다. "사회가 동료 역할을 해줄 것이라는 기대는 어리석다. 사회에 도움을 바라서는 안 된다. 우리는 혼자 죽을 것이다."[3]

이토 부인은 뒤늦게 싸늘한 시체로 발견될 미래가 두려워 건너편 아파트에 사는 이웃에게 매일 창문으로 집을 확인해달라고 부탁했다. 매일 아침 창문 앞에 놓인 병풍을 옆으로 밀어둘 테니, 어느 날 아침 병풍이 그 자리에 그대로 있거든 자신이 죽은 줄 알고 뒤처리를 담당하기로 한 직원을 불러달라는 것이었다. 이토 부인은 매년 여름 이웃에게 작은 선물을 보내 고마운 마음을 표시하고 있다.

일본의 비극적인 고독사 문제는 여전히 해결되지 않았다. 도키와다이라 단지 주민 대표는 거주민 절반 이상이 65세 이상이라는 점을 감안해 특히 건강이 안 좋아 보이는 입주자의 집을 주기적으로 방문하는 봉사 활동을 고안했다. 또한 혼자 사는 입주자는 매달 한 번씩 모여 함께 점심을 먹는 시간을 가졌다. 오니시 노리미츠는 도키와다이라 아파트 단지가 공동체를 건설하고 고립을 예방하기 위해 다양한 노력을 하고 있다고 설명했다.

노력은 실제 성과로 이어졌다. 2000년대 초반 도키와다이라 단지에서는 매년 약 15건의 고독사가 일어났지만 2017년에는 10건으로 줄었다. 그리고 일본에는 도키와다이라 단지에서 홀로 사망한 10명을 포함해 아무도 모르게 세상을 떠난 이들이 살던 집을 청소하는 서비스가 시작되었다. 역할은 조지 벨의 시신이 발견된 후 재산을 정리하던 행정사무소와 비슷하다.

죽음을 연습하다

뉴욕이든 도쿄든 고독사는 안타까운 일이다. 누구든 외롭게 죽어서는 안 된다. 외롭게 죽고 싶지 않은 마음은

삶의 마지막까지, 눈이 부시게

인류가 탄생한 이래로 이어져 온 본능이다. 실제로 인류 역사 대부분의 시간 동안 죽음은 공동체가 함께 감당해야 할 사건이었다. 죽어가는 사람을 돌보고, 죽은 사람을 보내주는 과정은 어떤 방식보다도 강력하게 공동체를 하나로 묶었다.

아르스 모리엔디의 두 가지 핵심 주제는 인간의 유한성을 상기하는 것과 누군가의 죽음에 있어 공동체의 역할이 무엇인지 알려주는 것이다. 앞 장에서 이야기했듯 소책자는 친구와 가족의 임종을 앞두고 침대맡에 모인 사람들이 따라야 할 행동 지침을 상당 부분 설명한다. 이들은 죽어가는 사람을 대신해 기도하는 한편 타인의 죽음을 바라보며 자신의 죽음을 준비한다. 병상에 누운 뒤에는 이미 늦었다. 우리는 일상 속에서 다가올 미래를 미리 그려보아야 한다.

프랑스 역사학자 필리프 아리에스Philippe Aries는 죽음을 대하는 서양인의 태도를 시대별로 정리한 책을 썼다. 서양에서는 19세기 말까지 공동체가 함께 죽음을 애도하는 관습이 있었다. 죽음이 임박했다는 종소리가 울리면 마을 사람들 전체가 죽어가는 이웃의 집으로 모였다. 물론 의사들도 이런 관습을 잘 알고 있었다. 하지만 너무 많은 사람이 몰려든 탓에 위생 문제가 발생할 수 있어 때로는 군중을 쫓아내려 애쓰기도 했다.[4]

서유럽에서는 일면식조차 없는 낯선 이가 종부성사(신도가 죽기 전 마지막으로 받는 성사—옮긴이)를 끝내고 누워있는 사람을 찾아와도 아무런 제재가 없을 정도였다.

아르스 모리엔디 문학은 모리엔morien, 즉 죽어가는 사람을 주인공으로 두고 나머지를 조연으로 그려내곤 했다. 어린아이부터 노인까지 모든 공동체 구성원이 죽어가는 이의 침상을 둘러싸고 생의 마지막을 목격했다. 아직 죽음이 먼 이야기처럼 느껴지는 젊고 건강한 사람들은 이웃의 임종을 지키며 자신이 모리엔이 될 날을 상상했다. 그날에는 자신이 이 드라마의 주인공이 되어 죽음을 함께 기다려줄 손님을 맞이하게 될 것이다. 이렇게 죽음을 미리 연습하는 관행은 공동체를 끈끈히 유지하는 데 도움을 주었다. 누군가 세상을 떠났을 때 어떻게 행동할지, 또 어떤 말을 할지 고민할 필요가 없었기 때문이다.

필리프 아리에스는 모리엔과 모리엔을 지지하는 공동체의 교류를 극적으로 표현하기 위해 17세기 프랑스에 살았던 몽테스팡 부인 사례를 소개했다.

몽테스팡 부인은 죽음 자체보다 혼자 죽게 될 것을 훨씬 두려워했다. 아름답고 재치 넘치던 몽테스팡 부인은 치명적인 매력을 발휘해 루이14세의 환심을 샀다. 이미 결혼해 아이가 있는 몸이었지만 메트레상티트르maitresse-en-titre, 즉 왕의 정부가 돼 자식을 7명이나 낳았다. 정세에 밝고 화술에 능통했던 몽테스팡 부인은 정치적 사건에 꾸준히 의견을 피력하며 동시대를 살던 여러 저명인사의 관심과 찬사를 받았다. 공식적인 여왕은 아니었지만 궁정에 지

대한 영향을 미쳐 '당대 최고의 미인'이라는 별명까지 얻었다.

늘 수많은 사람에 둘러싸여 살던 몽테스팡 부인은 죽는 순간까지 사교 활동을 계속했다. 병상에 누워 죽어가면서도 침대 커튼을 열어뒀다. 침대 곁에 앉은 여인이 깜빡 졸기라도 하면 얼른 깨워 대화를 나눠도 좋고, 몸단장을 해도 좋고, 음식을 먹어도 좋으니 어떤 식으로든 활동을 계속하라고 재촉했다. 직접 참여할 힘은 진작 사라졌지만 마지막까지 모임을 주최하고 감독하길 고집했다.

몽테스팡 부인은 죽음이 얼마 남지 않았음을 감지하고 아르스 모리엔디 지침을 따랐다. 필리프 아리에스의 기록에 따르면 "당시 관습대로 몽테스팡 부인은 가장 미천한 하인까지 불러 모아 용서를 구하고, 죄를 고백하며 죽음을 준비하는 의식을 치렀다."[5] 몽테스팡 부인은 삶과 죽음이라는 드라마의 주인공이었다. 그리고 죽어가는 부인 곁에 모인 친지와 하인은 각각에게 주어진 역할을 충실하게 수행했다. 이들은 몽테스팡 부인에게 소속감과 안정감을 주는 한편 자신도 언젠가 맞닥뜨릴 죽음을 미리 연습했다.

————————————— 쓸쓸한 죽음을 피하려면

우리는 혼자 죽는 것을 두려워한다. 그렇다고 친구와 가족은 물론 얼굴도 모르는 사람이 잔뜩 몰려든 가운데 임

71

종을 맞이하고 싶은 마음 또한 없을 것이다. 친밀하지 않은 사람들 사이에서 아이를 낳고 싶은 여성이 거의 없듯, 왁자지껄한 난장판 속에서 세상을 떠나고 싶은 사람도 드물다.

우리는 죽음의 순간에 누군가가 곁에 있길 원한다. 그러니 아직 튼튼할 때 누구도 피해갈 수 없는 사건에 미리 대비하길 조언한다. 죽음을 앞두고 갑자기 공동체를 형성할 수는 없다. 외로운 죽음을 피하려면 사는 동안 꾸준히 건강한 관계를 맺어둬야 한다.

내 환자 사라 와인버그는 타고난 이야기꾼으로, 남편 하비 와인 버그의 죽음을 연습하게 된 흥미진진한 사건을 나에게 알려줬다. 사라의 이야기를 여러분과 나누고 싶다.

사라와 하비는 결혼 51주년을 병원에서 보냈다. 하비는 몇 년 동안 입원과 퇴원을 반복해왔다. 시간이 지날수록 병세는 깊어졌고, 입원 기간도 길어졌다. 반세기가 지나는 동안 수많은 사람이 만남과 이별을 반복했지만 사라와 하비는 서로의 곁에 남았다. 사라는 병실에 놓인 수수한 인조가죽 의자에 앉아 묵묵히 아픈 남편 곁을 지키며 51주년을 기념했다. 두 사람은 유난히 조용했다. 이제 나눌 대화가 별로 남지 않았다.

나는 사라의 주치의로 오래 일한 만큼 두 사람이 50년을 함께 하기까지의 여정이 쉽지 않았다는 사실을 잘 알고 있었다. '하아 비'(사라는 하비를 하아비라고 불렀다)는 모든 면에서 자기주장이 무척 강했고 그것을 표현하는 데 거리낌이 없었다. 사라는 의견이 묵

삶의 마지막까지, 눈이 부시게

살당하면 견디질 못하는 성격이었다. 고집 센 두 사람이 만났으니 싸움이 잦을 수밖에 없었다.

결혼한 지 50년이 다 돼 갈 즈음 진료를 보러 온 사라는 부부 상담을 생각하고 있다는 이야기를 꺼냈다. "더 이상은 못 견디겠어요." 특별한 이유는 없었다. 남편은 폭력적이지도 않았고 아주 못돼 먹었거나 유독 사나운 성격도 아니었다. 그냥 뭐랄까, '하비다웠을' 뿐이다. 나이가 들수록 점점 '하비다워'졌다. 사라는 어떻게 해야 상황이 좋아질지 고민했다. 우리는 여러 선택지를 살펴봤다. 며칠 후 나는 부부 상담사 목록을 사라의 집으로 보냈다. 매일 외출할 구실을 만들어 잠깐이라도 남편과 떨어져있는 시간을 가져보라는 사소한 조언도 곁들였다.

사라와 하비는 부부 상담을 받았다. 사라는 집 밖에서 시간을 보냈다. 다행히 두 사람의 관계는 개선됐다. 사라는 매번 하비를 따라 병원을 방문했다. 진료가 워낙 잦아 귀찮을 만도 했지만 한 번도 남편 혼자 보내는 법이 없었다. 어찌나 자주 만났던지 사라는 하비의 주치의와도 가까운 사이가 됐다. 하비는 날이 갈수록 쇠약해졌고, 의사와 사라는 종종 하비가 떠난 후 처리해야 할 일을 두고 이야기를 나눴다. 사라는 중요한 법률 문서를 따로 모아뒀다. 아이들 연락처를 단축번호에 저장하고, 하비가 죽었을 때 어떻게 대처할지 연습했다.

사라는 하비와 병원에서 만족스러운 기념일을 보내고 혼자 집으로 돌아왔다. 하비가 아프긴 했지만 어쩔 수 없었다. 병 또한 삶과 죽음의 일부였다. 어쨌든 두 사람은 행복한 하루를 보냈고, 50년 동안 함께 견딘 고난의 날들이 가치 있게 느껴졌다.

집으로 돌아온 지 몇 시간이 지났을까, 늦은 밤 병원에서 전화가 걸려왔다. 늘 걱정하던 일이 벌어졌음을 본능적으로 알 수 있었다. "와인버그 부인 되십니까? 안타까운 소식을 전해드리게 돼 죄송합니다. 와인버그 씨가 방금 사망하셨습니다. 지금 바로 병원으로 와주실 수 있겠습니까?"

하비는 병원에서 혼자 죽음을 맞이했다. 마음이 아팠지만 사라는 애써 이유를 찾았다. 어쩌면 이게 하비가 바라던 일인지도 모른다. 아내가 집으로 돌아가기를 기다렸다가 마침내 홀로 남았을 때 삶을 포기하고 떠났을 것이다. 일부러 그러는 경우도 종종 있다고 들었다. 게다가 종일 하비 곁을 지키고 있었으니 적어도 외롭게 죽지는 않았을 것이다. 사라는 옷을 갈아입고 법률 문서를 챙겨 직접 차를 몰고 병원으로 향했다.

주차장에 차를 세우고 병원 정문으로 걸어갔다. 하비는 너무 오래 아팠다. 슬픔과 안도가 함께 몰려왔다. 물과 기름처럼 구분이 되지 않는, 소금과 후추가 한데 뒤섞인 것 같은 이상한 느낌이었다. 사별한 지 얼마 안 된 사람이 흔히 경험하는 미묘한 감정이 사라를 무겁게 짓눌렀다. 5층까지 엘리베이터를 타고 올라가는데 마치 관에 갇힌 듯한 기분이 들었다. 시계가 새벽 1시를 가리켰다. 사라는 수십 년 만에 처음으로 혼자 남겨졌다.

사라는 어둡고 적막한 복도를 따라 걸으며 하비가 마지막 숨을 거둔 병실로 향했다. 어쩐지 낮보다 복도가 훨씬 길게 느껴졌다. 남편이 그새 병실을 옮기기라도 한 것일까? 아직 살아있는 환자가 내는 소음이 유독 크게 느껴졌다. 코고는 소리, 의료 기구에서 나는 기계음, 의식이 혼미한 환자의 외침이 귓가에 맴돌았다. 죽음은 어둠 속에 숨어있는 사소한 삶의 흔적에 감사하게 만들었다.

사라는 차마 병실로 곧장 들어가지 못하고 잠시 멈춰 섰다. 하비는 어떤 모습일까? 몸이 벌써 차갑게 식었을까? 잠든 것처럼 평화로운 얼굴로 떠났을까? 문간에서 들여다 본 하비의 침대맡에 빛이 비치고 있었다. 간호사가 사망 서류를 작성하느라 불을 켜둔 것 같았다.

마침내 사라는 용기를 쥐어짜 병실로 들어갔다.

"사라!" 하비가 눈을 뜨고 사라를 맞이했다.

"세상에. 이게 무슨 일이에요?" 사라는 깜짝 놀라 대답했다.

"한밤중에 갑자기 나타나서 무슨 일이냐니. 웬 뚱딴지 같은 소리요?" 하비도 적지 않게 놀란 눈치였다. 하비의 상태는 몇 시간 전과 크게 달라 보이지 않았다. 아주 멀쩡히 살아있었으니 말이다.

곧 수간호사, 당직 간호사, 담당 의사가 병실에 찾아와 상황을 설명했다. 끔찍한 실수가 있었다. 옆 침대 환자에게 심장마비가 와서 심폐소생술을 실시했지만 고인을 살리는 데 실패해 모든 의료진이 낙담해 있던 참에 보호자에게 사망 소식을 알리기로 한 레지던트가 잘못된 번호로 전화를 걸었다는 내용이었다. 가엾은 레지던트는 사라의 발 앞에 말 그대로 납작 엎드려 용서를 빌었다. 죽음을 알린 환자가 아직 살아있어서 그나마 다행이었다.

사라는 화를 내지 않았다. 사는 동안 더 황당한 일도 많았다. 행정실에서 사죄의 의미로 화분을 선물했다. 사라는 법률 문서를 정리해둔 선반 옆 식탁에 화분을 올려뒀다. 그리고 하비가 죽을 때까지 식물을 꼭 살려두겠다고 다짐했다.

사라는 유머감각이 뛰어난 것으로 유명했는데, 엉뚱한 비보 사건 또한 훌륭한 소재가 됐다. 나는 한바탕 소동이 일어나고 몇 달 뒤에 사라를 만나 소식을 듣고 깔깔대며 웃었다. 사건에 등장하는 인물 몇 명의 신분만 숨겨준다면 이야기를 공유해도 좋다는 허락도 받아냈다.

"병원에서 하비가 죽었다는 전화를 받고 내가 가장 먼저 한 일이 뭔지 알아요? 아뇨, 아들에게는 알리지 않았어요. 그 자리에서 당장 애인한테 전화를 걸어 샴페인을 준비해두라고 했지." (그저 웃자고 한 농담이었고, 실제로 애인은 없었다.) 사라는 말을 이어나갔다. "아닌 밤중에 남편이 죽었다는 소식을 듣고 병원으로 달려갔는데 죽었다는 인간이 멀쩡히 살아있다니! 그만큼 끔찍한 일이 어디 있겠어요." 우리는 또 신나게 웃었다.

사라와 하비의 결혼 생활이 평탄하지만은 않았다. 하지만 사라는 하비를 사랑했고, 두 사람은 한 팀이었다. 누가 뭐라 해도 하비는 사라의 가장 가까운 공동체 구성원이었다.

공동체의 가치

공동체란 무엇일까? 하비와 사라는 수십 년을 함께 울고 웃었다. 가족이나 가까운 친구로 이루어진 공동체는 대개 그렇다. 공동체가 완벽할 필요는 없지만 구성원이 서로 호감을 느낄 수 있어야 한다. 우리는 기쁠 때나 슬플 때나 곁에서 힘을 주는 사람들 덕분에 안정감을 얻는다.

일부 아르스 모리엔디 문학은 죽음을 앞둔 병자의 집에 평소 적대적이던 사람의 방문을 허락해서는 안 된다고 경고했다. 쓸쓸함, 분노, 탐욕 등 부정적인 감정을 품은 사람이 곁에 있으면 좋은 죽음을 맞이하는 데 방해가 된다는 주장이었다. 어느 정도 일리는 있지만 개인적인 경험으로 비추어 볼 때 꼭 그렇지만은 않다. 나는 병원에서 일하는 동안 죽음을 앞두고 절대 화해할 수 없을 것만 같던 관계가 개선되는 사례를 여러 차례 목격했다. 죽음은 다른 무엇으로도 풀 수 없는 심각한 갈등을 해결할 기회를 제공한다.

죽음이 공동체 구성원의 관계를 더욱 깊고 돈독하게 만드는 기회를 제공하는 건 사실이지만 죽음이 공동체를 새로이 구성해주

77

지는 않으니 아르스 모리엔디가 전하는 메시지를 오해하지는 않길 바란다. 전 생애에 걸쳐 좋은 죽음을 준비하듯, 사는 동안 꾸준히 공동체를 형성해야 한다.

공동체는 자신이 어떤 사람인지, 또 어디에 가장 큰 가치를 두는지 이해하는 데 도움을 준다. 병을 앓으면서 생활 반경은 좁아졌지만 그보다 큰 의미를 찾았다는 환자를 지금껏 많이 만났다. 이들은 여행은 고사하고 간단한 외출조차 힘에 부치는 데다가 결국에는 침대를 벗어나기도 어려운 신세가 됐지만 생각만큼 바깥 활동이 그립지는 않다고 말했다. 게다가 몸이 불편해진 덕분에 새로운 즐거움을 찾게 됐다. 가족, 친구와 함께 식탁에 둘러 앉아 좋아하는 음식을 천천히 즐기는 시간은 외출보다 더 큰 기쁨을 줬다. 해질녘에 사랑하는 사람과 나란히 앉아 변해가는 방의 색깔을 관찰하는 시간 또한 무척 즐거웠다. 하비의 죽음을 통보받았을 때 사라는 남편이 곁에 있음이 얼마나 감사한 일이었는지 깨달았다.

또한 공동체는 우리가 가치를 두는 것에 더 몰두할 수 있게 도와준다. 어떤 환자는 죽어가는 와중에도 사교적인 일상을 유지했다. 몇몇은 사회를 바로잡는 데 에너지를 쏟았다. 종교에 더욱 몰입하는 환자도 있었다. 자신이 죽은 뒤에 열정적이고 헌신적인 한 사람이 살았음을 증명해줄 프로젝트를 시작하기도 했다. 죽어가는 이들이 선택한 모든 활동은 공동체 안에서 구상되고 또 실현됐다.

또한 공동체는 삶의 의미와 목적을 찾는 데 도움을 준다. 내가

삶의 마지막까지, 눈이 부시게

살아가는 이유가 무엇인가? 인생에는 어떤 의미가 있는가? 사후 세계는 존재하는가? 꼭 종교가 아니더라도 우리가 속한 모든 공동체는 삶과 죽음의 본질을 묻는 질문에 나름의 답변을 제시한다. 그리고 공동체의 일원으로서 이 답변을 수용 혹은 거부하고, 가공하며 자신의 정체성을 찾아나간다.

공동체는 구성원이 잘 죽기 위해 꼭 필요한 과제를 완수하도록 돕는다. 아르스 모리엔디는 세상을 떠나기 전에 재정적 문제뿐 아니라 정서적 문제에도 미리 신경 쓰라고 조언했다.

오늘날 호스피스 병동에서 실시하는 완화 치료(병의 증상만 누그러뜨리는 치료―편집자)에는 아르스 모리엔디가 제안하는 조언과 비슷한 구석이 있다. 완화 치료 전문의 아이라 바이오크Ira Byock 는 죽음을 앞두고 재정적, 법적 이슈를 처리하는 것 이상으로 모든 관계를 제대로 정리하는 일이 매우 중요하다고 이야기했다.[6] 실제로 바이오크가 근무하는 호스피스 병동에서는 죽음을 앞둔 환자에게 "용서할게", "용서해줘", "고마워", "사랑해", "안녕" 다섯 문장을 활용해 관계 바로잡기를 실천하라고 권한다.[7]

이 짧은 문장들은 관계에서 강력한 힘을 가진다. 살아있을 때는 물론 죽음 앞에서 특히 더 그러하다. 이렇듯 주변 사람과의 관계를 정리하는 일은 몽테스팡 부인이 죽어가며 밟은 절차와 크게 다르지 않다.

나는 의사로서 죽음을 준비하는 방법을 두고 깊은 고민을 해왔다. 그리고 공동체를 세 단계로 분류할 수 있다는 결론을 내렸다. 먼저, 가족 공동체는 가족과 가까운 친구로 구성된다. 앞서 언급한 공동체는 대부분 구성원끼리 친밀한 관계를 유지하는 가족 공동체에 해당한다. 하지만 공동체의 개념을 조금 더 확장하면 사회 공동체, 더 나아가 의학 공동체까지 넓어진다. 사회 공동체에는 노인을 대상으로 하는 식사 배달 서비스, 이동 수단 공유 시스템, 독거노인을 대상으로 한 방문 봉사 활동 등이 있다. 의학 공동체는 사회복지사, 성직자, 의사, 간호사를 포함해 죽음을 앞두고 고통받는 환자를 돌보는 건강 관련 전문가로 구성된다.

공동체를 가족 공동체, 사회 공동체, 의학 공동체 세 가지로 나눠 생각해보면 내 환자 다이애나 애트우드 존슨이 떠오른다. 몇 년 전 다이애나를 처음 만났을 때 그녀는 이미 폐 질환 말기 진단을 받은 상태였다. 남은 시간은 길어야 몇 달이었다.

아르스 모리엔디를 주제로 쓴 책을 정리하고 있는데 다이애나가 사무실에 들이닥쳤다. "저는 죽어가고 있어요. 곧 죽을 거예요. 도와주세요." 절박하게 말을 뱉은 다이애나는 곧 자신이 살아온 인생 이야기를 쏟아내기 시작했다. 죽음이 코앞에 닥치자 공동체를 돌아보게 된다고 고백했다.[8]

우리는 앞으로 몇 달 동안 그녀가 겪게 될 변화에 대해 논의했다. 다이애나는 병든 자신의 곁을 지켜줄 사람들을 하나하나 떠올렸다. "죽음이 주는 궁핍에서 풍요를 찾고, 부패 속에서 아름다움을 찾으며"[9] 자신에게 닥친 운명을 현명하게 받아들이기 위해서는 친구들의 도움이 필요했다. 당시 내가 쓴 책에도 적혀 있듯, "공동체는 우리가 역경 가운데서도 한 조각 희망과 기쁨을 발견하게 돕는다. 인연은 우리가 소중히 여기는 가치와 지향하는 목적을 더욱 분명히 한다."[10]

그로부터 거의 5년이 지났다. 이제 나는 이 책을 쓰기 시작했지만 다이애나는 죽지 않았다. 처음 선고받았던 몇 개월을 훌쩍 넘겨 몇 년을 버틴 것이다. 하지만 건강은 점점 악화됐고, 다이애나는 언제고 죽음이 들이닥칠 수 있다는 사실을 늘 명심하려 애썼다. 내가 이번 장을 쓸 때쯤 다이애나는 호흡곤란 증세를 호소했다. 중환자실에 들어갈 만큼 심각하지는 않았지만 여전히 강도 높은 치료가 필요했다. 다이애나는 병원 준중환자실에 입원했다.

4년 반을 늘 병원 밖 사무실에서만 만나다 산소 호흡기를 끼고 병상에 누워있는 다이애나를 보니 불길한 기분이 들었다. 나는 다이애나가 입원한 병실 문을 열고 들어가 침대 옆 의자에 앉았다.

"다이애나, 안녕하세요." 목소리를 낮춰 인사를 건넸다. "그냥 얼굴이나 보려고 잠깐 들렀어요." 공식적인 용무는 없었다. 그저 친구이자 주치의로서 병문안을 갔을 뿐이다. 상황이 전과 비교할 수 없이 심각해졌음을 인정했다. 무슨 말을 해야 할지 몰라 망설이던 참에 다이애나의 전화가 울렸다.

다이애나는 발신자를 확인한 뒤 나중에 다시 연락하면 된다고 말하며 전화기를 내려났다. 병실 밖에는 친구 두 명이 면회 순서를 기다리고 있었다. 몇 분쯤 지났을까, 전화가 또 울렸다. 이번에는 다른 친구한테 걸려온 전화였다. 다시 대화를 이어가려고 입을 떼던 참에 아이패드에 메시지 알람이 떴다. 다이애나의 병실을 방문한 잠깐 동안 연락이 끊이질 않았다. 다이애나의 가족 공동체는 그녀가 질병과 쇠퇴 뒤에 따라오는 죽음을 받아들이는 데 큰 도움을 주고 있었다.

다이애나는 사회 공동체 또한 적극 활용했다. 준중환자실에 입원하기 몇 달 전부터 주기적으로 교회에 가서 목사를 만났다. 또, 노인 돌봄 센터 상담사를 만나 건강이 악화된 후에도 되도록이면 시설에 들어가지 않고 집에 머물 수 있도록 자신을 돌봐줄 간병인을 소개받았다. 다이애나는 가족과 친구들이 도울 수 없는 부분까지 세심하게 계획하고 있었다.

우리는 다이애나의 의학 공동체에 대해서도 이야기를 나눴다. 예전 담당 의사와 새 담당 의사, 호흡재활치료사, 보조의사를 비롯해 다양한 의료 전문가가 병세를 꼼꼼히 살폈다. 다이애나는 의료진의 노력 없이는 병세를 지속적으로 관리할 수도, 좋은 죽음을 맞이할 수도 없음을 잘 알고 있었다. 다이애나의 폐는 하루가 다르게 약해졌고, 호흡기의 힘을 빌려 숨을 쉬고는 있지만 근본적인 치료는 불가능했다. 다이애나는 현실을 받아들였고, 심장이 멈춰도 심폐소생술이나 호흡기 삽관을 원하지 않는다고 이야기했다. 그날 밤, 나는 다이애나의 병실 밖에서 당직을 서던 보조의사에게 환자가 심폐소생술을 거부했음을 명확히 알렸다. 주치의로서 꼭 수행해야 할 마지막 과제였다.

병원 밖으로 나오면서 다이애나에게 존경심을 느꼈다. 다이애나는 아르스 모리엔디 정신을 몸소 실천하는 중이었다. 잘 죽고 싶다며 내 사무실을 찾아온 지 4년이 조금 더 지난 시점에 다이애나는 자신에게 주어진 시간이 유한함을 온전히 받아들이고 공동체 속에서 매일 죽음을 연습하고 있었다. 다이애나는 틀림없이 좋은 죽음을 맞이할 것이다. 나는 더 많은 사람이 다이애나처럼 죽음을 받아들이길 진심으로 바랐다.

──────────────────────────── 마지막 만찬을 준비하다

내가 병실을 방문한 후 다이애나는 재활 시설 두 군데에서 6주간 치료를 받고 12월 21일, 마침내 집으로 돌아갔다. 그리고 크리스마스 다음 날 다시 우리 병원에 입원했다.

나는 일을 시작한 뒤 10년이 넘도록 연말에 휴가를 내본 적이 없

었는데 그해에는 웬일인지 여유가 생겨 가족과 여행을 떠났다. 여행하는 동안 틈틈이 시간을 내 다이애나와 이메일을 주고받았다. 12월 28일 다이애나가 보낸 편지는 이렇게 끝을 맺었다.

아무튼, K선생님이 반갑지 않은 소식을 전해 주시더군요……. 저는 곧 호스피스 병동으로 옮겨 완화 치료를 받을 예정입니다. 체력을 충분히 회복하면 집에서 마지막을 맞이할 수 있다는군요. 아마 다음 주가 되겠지요. 이유를 설명하기는 어렵지만, 저는 여기에서 아주 안전하다고 느낀답니다. 한동안 어디에서도 느끼지 못한 감정이지요.

K선생님은 직설적입니다. D선생님처럼 조금은 가혹하다 싶을 때도 있지만 그만큼 정보를 정확하게 전달하고 어떤 질문에도 곧잘 대답해줍니다. K선생님과 대화를 나누고 있자면 당신이 쓰던 책이 생각납니다……. 죽음이 가까워질수록 상태를 알리기가 힘겨워지네요. 하지만 저는 넘칠 만한 사랑과 지지를 받고 있답니다. 어쩌면 떠나는 사람보다 남은 사람이 더 힘들지도 모르지요.

이만 줄이겠습니다. 눈물을 흘리면 숨쉬기가 힘들어요.

사랑을 담아,
다이애나

나는 새해를 하루 앞두고 전자 의료 기록에 접근해 환자의 건강 상태를 살폈다. 다이애나는 이미 며칠 전부터 연락이 되지 않았다. 다이애나의 검사 결과 수십 건을 훑고, 이메일과 다른 의사가 쓴 소견서까지 찾아 읽었다.

12월 31일에 기록한 소견서 마지막에는 다이애나의 '가족 공동체'와 논의한 끝에 치료보다 고통 완화에 초점을 맞추기로 결정했다는 내용이 짧게 적혀있었다. 다이애나는 죽어가고 있었다. 끔찍한 폐 질환은 끈질기게 다이애나를 물고 늘어졌다.

본격적으로 소견서를 읽기 시작했다. 동료가 남긴 전자 의료 기록에 따르면 다이애나의 폐 기능이 떨어지면서 호흡이 힘겨워지자 의료진은 고통을 덜어주기 위해 모르핀을 처방했다. 처음에는 정신이 흐려지는 증상이 싫다며 처방을 거부했지만 다이애나도 모르핀이 숨통을 조금 트이게 한다는 사실을 잘 알고 있었다. 다이애나는 모르핀과 함께 눈앞에 들이닥친 죽음을 수용했다.

곧장 동료에게 전화를 걸어 물어봤다.

"다이애나는 좀 어때요?"

"방금 돌아가셨습니다. 친구 몇 분이 임종을 지키셨어요."

나는 전화기를 내려놓고 가족에게 인사를 한 뒤 바로 차를 몰아 병원으로 향했다. 늘 보던 병실이 그날따라 생소하게 느껴졌다. 침대에 누인 다이애나의 몸은 이미 밀랍처럼 딱딱하게 굳어있었다. 죽음은 언제나 순식간에 찾아온다.

다이애나의 오랜 친구들과 목사, 생전에 함께 새 관찰을 다니던 동료가 침대를 둘러싸고 있었다. 다이애나는 죽음의 순간까지 혼자가 아니었다. 다이애나가 죽기 전 친구들에 관한 이야기를 워낙 많이 한 덕분에 그날 병실에 모인 사람들은 초면임에도 불구하고 서로 아주 오래전부터 알고 지내던 사이처럼 친숙했다.

나는 침대맡으로 다가가 다이애나의 어깨를 쓰다듬었다. 왠지 그래야만 할 것 같았다. 다이애나의 진료를 보면서 수도 없이 만져보았던 몸이다. 다이애나를 위로하던 손길이 나를 위로하는 손길로 바뀌었을 뿐이다. 다이애나는 더 이상 나의 손길을 느낄 수 없다. 목사가 다이애나의 이마에 가볍게 입을 맞췄다. "결국 2017년을 맞이하지 못하고 이렇게 떠나네요."

결국 나는 슬픔을 견디지 못하고 눈물을 쏟았다.

"어깨를 빌려드려야 할 것 같네요." 누군가가 이야기했다. 나는 뒤돌아서서 방금 병실에 들어온 낯선 여성의 품에 안겼다. 다이애나의 보호자이자 가장 가까운 친구인 제이니였다. 제이니는 마치 시간이 멈춘 듯 나를 안아줬다. 우리는 어느 정도 진정한 후 포옹을 풀고 인사를 나눴다. 조금도 어색하지 않았다. 그리고 병실을 찾은 모든 사람이 다이애나와 함께한 일화를 공유했다. 은쟁반에 담긴 연어 이야기도 그때 들었다.

다이애나가 재활 시설에 머무르는 동안 가장 못마땅하게 생각했던 부분이 음식이라고 한다. 실제로 크리스마스를 며칠 앞두고

삶의 마지막까지, 눈이 부시게

다이애나는 생명의 유한함에 대해 이런저런 생각을 담은 이메일을 보냈는데, 말미에는 맛없는 음식을 불평하는 내용을 짤막하게 덧붙였다. "시설에서 나오는 음식은 두 번 다시 입에 대고 싶지 않아요. 맛이 정말 말도 못하게 끔찍해요."

그래서 제이니가 나섰다. 크리스마스이브에 제이니와 제이니의 남편은 은쟁반에 '그리니치 최고의 훈제연어'를 담아 거의 2시간을 운전해 다이애나의 집을 방문했다. 갈색으로 먹음직스럽게 익은 미니 토스트와 가니쉬도 곁들였다. 물론 다이애나는 친구가 정성껏 준비한 음식을 마지막 한 입까지 음미했다. 최고의 크리스마스이브 만찬이었다.

다이애나에게 주어진 시간이 다해가는 한 해의 마지막 날, 제이니는 다이애나가 맛있게 먹던 식사를 다시 한번 준비했다. 린넨 식탁보를 깔고 도자기 접시와 포도주 잔을 예쁘게 차려냈다. 이번에도 메인 디쉬는 은쟁반에 담긴 훈제연어 요리였다. 다이애나의 집에서 병실로 장소만 바뀌었을 뿐, 나머지는 똑같았다. 다이애나는 행복하게 마지막 만찬을 즐겼다.

홀로 맞이하는 죽음

모두가 다이애나처럼 *끈끈한 공동체를* 가지

고 있지는 않다. 조지 벨과 이토 치에코 사례가 보여주듯 사람은 외로울 때보다 누군가가 곁에 있을 때 더 나은 삶과 죽음을 누릴 수 있다. 사람은 공동체를 이루고 살아야 한다. 누가 뭐래도 사람은 사회적인 동물이다.

의료 관련 분야 종사자가 가장 어렵게 생각하는 상황을 꼽자면 "아무 연고 없는 환자가 죽어갈 때"가 꽤 높은 순위를 차지할 것이다. 실제로 가족도, 친구도 없는 환자의 죽음을 앞두고 벌어지는 안타깝고 곤란한 일이 한두 가지가 아니다. '무연고 사망'이라는 표현이 따로 있다는 것 자체가 심각성을 증명한다. 무연고자의 신념과 믿음을 대변해줄 사람도, 그들을 대신해 의학적 결정을 내려줄 사람도 없다. 친족과 친구 등 환자의 보호자 자격을 가질 수 있는 사람이 한 명도 없는 경우 병원에서는 사회복지사와 요양보호사에게 도움을 요청한다.

도시에 이사 온 지 얼마 안 된 여성 환자를 맡은 적이 있었다. 남편은 먼저 세상을 떠났고, 하나 있는 딸과는 사이가 소원했다. 환자는 얼마 전까지만 해도 건강했지만 급성 치매에 걸려 몇 달 만에 기억력이 심하게 저하됐다. 간단하게 이야기하자면 환자는 정신이 오락가락했고 주변에는 돌봐줄 사람이 한 명도 없었다.

기억은 하루가 다르게 흐려졌다. 환자가 연락하거나 만나고 싶은 사람이 있는지 알아내려고 애쓰는 데 진료 시간 대부분을 사용할 정도였다. 누구라도 좋으니 하루가 다르게 허약해지는 환자를

삶의 마지막까지, 눈이 부시게

돌봐줄 사람을 찾아야만 했다. 이 또한 주치의가 해야 할 중요한 업무 중 하나였다. 끈질긴 노력 끝에 가끔 환자의 상태를 살피겠다는 친구 몇 명을 찾을 수 있었다. 나는 환자가 조지 벨보다는 몽테스팡 부인에 가까운 죽음을 맞이하길 바랐다.

1970년대에 필리프 아리에스가 몽테스팡 부인의 임종 공동체에 관한 논의를 마무리하면서 남긴 안타까운 글은 수십 년이 지난 오늘날에도 똑같이 적용된다.

> 역사 속에서 죽음은 언제나 공개적인 사건으로 여겨졌다. 따라서 홀로 맞이하는 죽음에 대한 파스칼의 고뇌는 심오한 의의를 담고 있다. 파스칼이 살던 당시에는 혼자 죽음을 맞이하는 사람이 없었기 때문이다. 하지만 오늘날 그 문장은 영향력을 잃었다. 현대 사회에는 병실에서 혼자 숨을 거두는 사람이 굉장히 많다.[11]

병실뿐이겠는가. 지금도 뉴욕과 일본 아파트에서는 누군가가 외롭게 죽어간다.

제4장

어디에서 죽을 것인가

여러분은 어디에서 죽고 싶은가? 대부분 집에서 사랑하는 사람들을 곁에 둔 채 평안하게 죽고 싶을 것이다. 나 또한 비슷한 마지막을 꿈꿔왔다. 하지만 결국 죽는 것은 마찬가지인데, 죽고 나서 우리 몸이 물리적으로 어디에 놓여있든 무슨 상관이란 말인가? 생기가 빠져나간 시신이 침실에 눕히든, 냉장처리된 영안실에 안치되든 달라지는 건 없다.

병실에서 맞는 죽음 자체는 문제가 되지 않는다. 문제는 세상을 떠나기 전, 죽어가는 과정에 있다. 낯선 의료진이 정신없이 들이닥치는 무균실에 갇혀 용도를 모르는 기계를 온몸에 주렁주렁 달고 고통받으며 하루하루 죽어가길 바라는 사람이 어디 있겠는가? 나는 비슷한 상황에 처해 퇴원을 원하는 환자를 수도 없이 만났다.

제4장 어디에서 죽을 것인가

하지만 건강이 악화되는 속도가 개인마다 다르기 때문에 잦은 퇴원과 재입원을 필요로 하는 상황인지, 또는 더 이상 호전의 여지가 없어 입원이 무의미한 상황인지 구별하기는 쉽지 않다. 환자는 죽음을 피하기 위해 의사에게 의존하지만 의사가 더 이상 해줄 일이 없다는 사실을 깨달으면 집으로 돌아가길 원한다. 실제로 미국인의 80퍼센트가 가능하다면 집에서 죽음을 맞이하고 싶다고 응답했다.[1]

집에서 죽고 싶다는 사람이 이렇게 많은 이유가 무엇일까? 조지 벨과 일본 대단지 아파트에 거주하던 노인은 많은 사람이 바라던 대로 집에서 죽었지만 혼자, 아무도 모르게 죽었다. 반면 내 환자 다이애나는 집에서 마지막 숨을 거두고 싶다는 바람을 이루지 못하고 병원에서 사망했지만 혼자 살던 다이애나에게 병원은 따뜻한 보금자리가 돼주었다. 다이애나는 병원에서 안정과 온기를 느꼈다.

빠르게 변화하는 세상에서 집은 늘 제자리에 머무는 안식처를 의미한다. 꾸미지 않은 솔직한 모습으로 존재할 수 있다는 점에서 집은 특별한 의미를 지닌다. 미국인은 태어나서 죽을 때까지 평균 11번 이사한다.[2] 그럼에도 사랑하는 가족과 반려동물은 물론 익숙한 의자, 익숙한 그림, 익숙한 화분이 있는 집에서 보내는 시간은 항상 아늑하다. 우리는 집에서 웃고, 울고, 먹고, 쉬고, 잔다. 바깥 세상은 우리에게 신경을 곤두세우며 프로다운 모습을 보이길 요

삶의 마지막까지, 눈이 부시게

구하지만 집은 우리를 있는 그대로 받아들인다. 집은 언제 어떤 상황에도 소신 없이 우리를 포용한다. 그러니 왜 모두들 집에서 마지막을 맞이하고 싶지 않겠는가?

요람부터 망자의 나무까지

태어남으로 시작한 삶은 죽음과 함께 막을 내린다. 이 세상 모든 사람은 태어남, 삶, 죽음이라는 과정을 거친다. 그리고 우리는 각 과정이 일어나는 장소에 소속감을 느낀다. 같은 장소에서 태어나, 살아가고, 죽음을 맞이하는 사람은 그 장소를 '집'이라 부른다. 하지만 실제로 전 생애를 한 장소에서 보내는 사람은 굉장히 드물다. 이곳저곳을 떠돌며 사는 사람에게 '집'이란 하루 중 대부분의 시간을 보내는 장소 또는 가장 최근에 머무르는 장소를 의미한다. '집'을 정확하게 정의하기는 어렵다. 많은 사람이 하나 이상의 장소를 '집'이라 부르고 있다.

독일의 유명한 철학자 마르틴 하이데거는 흑림지대Black Forest(독일 서남부 지역 바덴-뷔르템베르크주에 위치한 산림지대—편집자)에 자리한 전통 농가에 대한 글을 썼다. 흑림지대 농가는 특정 장소에 뿌리를 두고 살아가는 가족 공동체를 위한 주거지였다. 농부는 오두막에 소속됐고, 농부가 사는 오두막은 땅에 소속됐고, 오두막이

지어진 땅은 자연에 소속됐다. 오두막에서 태어난 농부는 오두막에서 죽었다.

하이데거는 오두막이 '조화'의 규칙을 따른다고 이야기했다. 땅, 하늘, 인간 등 보이는 것과 보이지 않는 것이 한데 어우러졌다. 경사진 산은 남쪽을 바라보도록 지어진 오두막을 바람으로부터 보호했다. 인접한 초원에는 맑은 샘이 솟아나 소작농에게 식수를 공급했다. 넓은 지붕은 농부가 추운 겨울을 버틸 수 있도록 폭설과 몰아치는 폭풍을 막아줬다. 하이데거는 자연과 조화를 이루는 오두막에서 더 큰 세계로 나아가는 다리, 땅과 인간의 관계, 계절의 순환을 체험했다.

이런 조화는 농가 내부에도 똑같이 적용됐다. 농부는 "식탁 뒤 모서리에 제단을 만들었다."[3] 또 오두막의 침실은 "요람과 망자의 나무(흑림지대 소작농은 관, 즉 토텐바움Totenbaum을 '망자의 나무'라고 불렀다)를 놓아두는 성스러운 공간으로, 한 지붕 아래 여러 세대가 모여 살며 태어남부터 죽음까지 전 생애에 걸쳐 어떤 여정을 경험하는지 잘 보여준다."

농부의 오두막은 생의 순환을 상징한다. 오두막에는 갓 태어난 생명을 위한 요람과 얼마 전 세상을 떠난 망자를 위한 관이 함께 놓여있다. 건물 한구석, 제단에 세워진 예수상이 요람과 관을 내려다본다. 농부는 태어나서 죽을 때까지 오두막을 벗어나지 못한다. 식탁 앞에 놓인 의자는 생명을, 주인을 잃은 빈 의자는 죽음을 구

삶의 마지막까지, 눈이 부시게

체화한다.

하이데거가 농부의 오두막을 지나치게 낭만적으로 묘사하긴 했지만 오두막에 대한 묘사만 생각한다면 집과 그 안에 사는 사람이 얼마나 깊은 관계를 맺고 있는지 알 수 있다. 같은 지역, 같은 집에서 세대를 이어 살아가는 가족을 상상해보라. 집이 아닌 곳에서 죽음을 맞이하고 싶은 사람은 없을 것이다. 오늘날에는 한 장소에서 평생을 살아가는 사람을 찾기 힘들지만 우리는 여전히 집에 소속감을 느낀다. 그리고 어떤 이유로든 집에서 죽을 수 있는 상황이 아니라면 적어도 익숙함과 안락함을 주는 사람과 물건에 둘러싸여 생을 마무리하길 바란다.

그렇다면 왜 대다수의 사람이 집을 벗어나 병원이나 양로원, 요양 시설, 호스피스 병동과 같은 기관에서 죽음을 맞이할까? 생전에 바라던 대로 집에서 목숨을 거두는 미국인이 5명 중 1명밖에 안 되는 이유는 무엇일까?[4]

—————————————— 집에서 죽음을 준비하던 시절

병원hospital은 여행자와 가난한 사람을 환대hospitality하는 장소라는 의미에서 파생된 단어다. 4세기 그리스 주교였던 카이사레아의 바실리우스Basil of Caesarea가 설립한 치료 기

관은 여러 가지 면에서 현대 병원과 비슷하다.[5] 바실리우스는 오늘날 이스라엘령에 속하는 카이사레아 외곽에 바실리아드Basiliad를 건설했다. 바실리아드는 하나의 도시라고 봐도 무방할 정도로 거대한 규모를 지닌 복합 복지 단지로, 369년에 일종의 무료 배식소로 시작했다. 몇 년 후인 372년부터는 전문 의료인이 상주하며 환자를 치료했다.

바실리아드에 거주하는 의사는 그동안 외면당하던 나병 환자를 비롯해 다양한 질병으로 고생하던 수많은 환자를 치료했다. 바실리아드는 가난한 이들의 집이자, 죽어가는 이들의 호스피스 병동이자, 고아의 학교이자, 여행자의 쉼터였다. 바실리아드는 기부금을 받아 의료와 교육을 포함한 모든 재화와 서비스를 무료로 제공했다. 한 세기 동안 로마 제국 곳곳에는 바실리아드와 유사한 병원이 설립됐다.

이 놀라운 성공에도 불구하고 이후 1,500년 동안 많은 사람이 집에서 숨을 거뒀다. 필리프 아리에스는 거의 1,000년에 가까운 죽음의 역사를 연구한 책에서 "이웃과 친구로 구성된 작은 사회 전체가 함께 병자를 돌보고 망자를 떠나보냈다"라고 과거의 관습을 설명했다.[6] 하층민과 농촌 빈곤층이 가장 끈끈한 공동체를 형성했지만 중산층 또한 죽음을 앞두고 서로 의지했다. 부유한 가정은 병자를 수발드는 하인을 따로 뒀다. 사회·경제적 계층과 상관없이 죽어가는 사람은 주변 인물의 관심과 애정을 받았다. 옆에 남은 이 하나

삶의 마지막까지, 눈이 부시게

없는 궁핍한 사람만이 병원에서 죽음을 맞이했다.

사회학자 폴 스타는 1984년 퓰리처상 수상작에서 1760년대 이후 미국 의료 문화의 변화 과정을 상세히 기술해 필리프 아리에스의 주장을 뒷받침했다. 스타는 초기 미국 사회 가정을 "의료의 중심지"라고 설명했다.[7] 여성은 가족이 병에 걸릴 때를 대비해 약초를 말려두었다. 집에서 치료하기 힘든 심각한 병에 걸리면 다양한 질병을 경험한 노인을 찾아가 조언과 도움을 구했다. 의사를 부르는 경우는 거의 없었다.

식민지 시대 신문과 연감은 예로부터 전해져 내려온 치료법을 배포했다. 스코틀랜드 의사 윌리엄 버컨을 비롯한 의학 전문가는 가정에서 적용할 수 있는 치료법을 설명하는 안내서를 출간했다. 버컨은 스코틀랜드 왕립의사협회에 소속된 특권층이었지만 새로운 발견을 협회 내부 구성원끼리만 공유하는 데서 그치지 말고 외부에 공개해 더 나은 세상을 만들어가야 한다고 목소리를 높였다.

버컨은 의료 전문 인력의 중요성을 인정했지만 일반인이 의료 지식을 습득하는 것도 지지했고 1769년에는 『가정 의학*Domestic Medicine*』을 출판하기도 했다. "가정 내 진료: 질병의 치료 및 예방과 관련한 전문 지식을 일반인과 공유함으로써 의료 기술의 보편적 유용성을 확보하려는 시도"라는 긴 부제는 책의 목적을 분명히 설명한다. 버컨은 이 책에 각종 질병과 치료법, 간단한 예방법을 소개했다. 따로 의학을 공부한 적 없는 평범한 사람들에게 버컨의 책은 잘 사는 기술과 잘 죽는 기술을 담은 안내서나 마찬가지였다.[8] 미국에서 『가정 의학』은 한 세기가 넘도록 30번 이상 개정되며 꾸준한 사랑을 받았다.

유럽과 미국 의사들은 버컨의 뒤를 이어 비슷한 안내서를 내놓았다. 덕분에 집은 병들고 죽어가는 가족을 돌보는 바람직한 장소가 되었다.

절망과 희망이 교차하는 곳

과거에는 가족이 집에서 돌보기 힘들 정도로 심각한 병에 걸려 죽어가는 상황에서도 병원을 멀리했다. 문명 시민이 병원에 발을 들이다니, 상상도 할 수 없었다. 병원은 연고가 없는 가난뱅이나 외로운 떠돌이, 사회적으로 고립된 노인이나 갈 만한 곳이었다. 하지만 폴 스타가 이야기했듯, 병원이 언제까지나 "지독하게 불결한 인간의 잔해를 수용하는 유배지"로 남지는 않았다. 이제 병원은 병든 이에게 희망의 불씨를 밝혀주는 "과학과 관료적 질서를 따르는 놀라운 요새"로 탈바꿈했다.[9]

이런 변화는 19세기 후반에 일어났다. 유럽의 병원은 18세기부터 의학 연구와 교육을 책임지는 중요한 사회 기관으로 인정받았지만 미국은 사정이 달랐다. 미국에서는 1870년대에 들어서야 병원이 더욱 중요한 역할을 수행하기 시작했다. 의료 분야는 점차 체계적이고 전문적으로 발전했고, 시장에서도 경쟁력을 확보했다. 윌리엄 버컨의 『가정 의학』은 비싼 장비와 전문 인력으로 대체됐다. 스타는 이렇게 설명했다.

> 단순히 의학의 진보만으로는 변혁을 설명할 수 없다. 자본주의적 산업화가 진행되며 수요 자체가 변했다. 점점 더 많은 사람이 도심으로 향했고, 가정에서 환자를 돌보던 전통은 점차 흐려져 전문적인 기술을 갖춘 의료진에게 치료받길 바랐다.[10]

불결하고 두려운 장소로 여겨지던 병원은 이제 '건강을 생산하는 작업장'이 됐다.[11] 의사는 환자의 고통을 덜어내는 데 그치지 않고 병을 고쳐주는 일까지 담당했다.

사회 분위기가 달라졌다. 산업화로 고용이 안정됐고, 농촌에 살던 가족은 일자리를 찾아 도시로 향했다. 시골 마을에서 일을 하다 다치거나 병들면 지역 사회가 도움을 주었지만 수많은 사람이 모여 사는 대도시 공동체에서는 비슷한 역할을 기대하기 어려웠다. 게다가 비좁은 아파트에는 환자를 돌볼 만한 공간이 없었다. 병원은 다양한 치료법과 함께 합리적인 대안을 제시했다.

병원은 반세기도 안 되는 짧은 시간 동안 급속도로 퍼졌다.

1873년, 미국 전체에 200개조차 안되던 병원은 1910년에 4,000개를 넘어섰고 1920년에는 6,000개까지 늘어났다.[12] 이는 현재 미국에서 영업하는 병원보다도 조금 더 많은 수치다.

이제는 많은 사람이 언제라도 병원에 갈 수 있는 거리에 살고 있다. 병원에 의존하는 정도도 점점 늘어나는 추세다. 하지만 아직까지 병원에서 마지막을 맞이하겠다는 사람을 찾기는 힘들다. 왜 이런 현상이 나타날까?

영웅이 되어버린 의사

병원에서 일하다 보면 생명을 갉아먹는 불치병에 걸려 절망하는 환자를 종종 만나게 된다. 실제로 시한부를 선고받고 검사 결과를 다시 한번 확인해달라며 찾아오는 환자도 많다. "결과가 잘못됐을 가능성은 없나요? 제가 정말 죽어가고 있나요?" 컴퓨터 화면에 뜬 검사지를 살펴보고 있자면 행운을 바라는 간절한 시선이 느껴져 마음이 아프다.

아주 기이한 행동을 보이는 환자를 맡은 적도 있었다. 몇 년 동안 매달 주기적으로 진료하던 환자였는데, 그는 매번 상자를 가득 채운 의료 기록을 줄줄이 늘어놓으며 수십만 달러는 족히 들 법한 검사를 추가로 받겠다고 요구했다. 환자는 건강이 악화되는 원인

삶의 마지막까지, 눈이 부시게

을 찾겠다며 식단을 조절하고, 환경을 변화하고, 화학물질 노출을 제한하는 등 다양한 실험을 체계적으로 실시했다. 환자에게 전문의를 소개해주는 건 물론이고 최대한 빨리, 집중적으로 검사를 받을 수 있도록 입원을 시킨 적도 있다. 진료를 할 때마다 환자는 애원하듯 간절한 눈빛으로 나를 바라봤다. "의사 선생님, 어떻게 좀 해주세요. 제가 지금 죽어가고 있어요. 제발 살려주세요……."

사람들은 건강에 이상이 생기면 환자, 즉 16세기 말로 '의료 기술의 수혜자'가 되기 위해 병원을 방문한다. 재해가 발생하거나 죽음이 눈앞에 닥치면 환자는 자신의 목숨을 구해줄 의사를 찾는다. 생명 윤리학자 앨버트 존슨은 이렇게 설명했다. "우리는 죽음이 임박한 상황에 처한 사람을 보면 그들을 도우려 애쓴다. 물에 빠진 사람에게 밧줄을 던지고, 불이 번진 건물에 뛰어들고, 구출 팀을 파견해 눈사태 현장을 뒤진다."[13] 그리고 존슨은 중요한 지적을 덧붙였다. "이 윤리가 의료계까지 영향을 미쳤다." 존슨은 의료진이 사람을 살리기 위한 의무를 '끝까지' 이행하는 방향으로 분위기가 굳어졌다고 주장했다.

병원에서는 장기 이식, 신장 투석, 호흡기 삽관 등 다양한 기술을 사용해 환자의 목숨을 구한다. 의사는 의료 개입으로 얻을 수 있는 이익이 부담보다 클 때만 치료를 실시한다는 규칙을 지키려고 노력한다. 죽음이 다가오기 전까지는 이 규칙을 잘 지키지만 환자의 상태가 악화될수록 합리적인 치료가 어려워진다. 의료 행위가 환자에게 해를 미치지는 않을지, 부정적인 결과를 가져오지는 않을지 고민할 시간조차 부족하다. 의사는 어떻게 해서든 환자를 살려야 한다는 의무를 느낀다.

사람마다 정도의 차이는 있겠지만 의사라면 누구나 사악한 질병을 물리치고 환자를 고통으로부터 자유롭게 만들어주는 영웅이 되길 꿈꾼다. 의사는 마땅히 그래야 한다고 믿는다. 하지만 생명윤리학자 하워드 브로디는 다른 의견을 제시했다. "의사가 어떻게 든 환자의 목숨을 구해야 한다는 환상은 권력 과시나 다름없다. 이는 의사가 죽음의 문턱에 선 환자를 구해낼 힘이 있다는 착각을 불러일으킨다."[14] 실제로 의사라는 진로를 선택하는 데에는 그런 영웅적인 이미지가 많은 영향을 미친다.

환자 또한 생명을 위협하는 질병에서 목숨을 구해줄 영웅을 찾는다. 생명이 위태로운 상황에 비용과 효용을 따지고 위험을 측정해 합리적인 치료 결정을 내리는 의사를 바라는 환자는 드물다. 인간이 원래 그렇다. 우리는 어떤 어려움에도 포기하지 않는 영웅 같은 의사를 원한다. 죽음 앞에 겁을 내는 의사는 환영받지 못한다.

이 판타지에 빠진 의사는 환자의 생존 욕구를 부채질하고, 살려고 발버둥치는 환자는 의사의 영웅 심리에 불을 지핀다. 제1장에서 이야기했듯, 아미트와 나는 결국 몇 시간 후에 죽을 터너 씨에게 하룻밤 사이 세 번이나 심폐소생술을 실시했다. 영웅적 판타지가 가져온 비극이다.

삶의 마지막까지, 눈이 부시게

지금까지의 내용을 요약하면 다음과 같다. 문명이 시작된 이래로 절대다수는 집에서 죽음을 맞이했다. 4세기에 바실리우스가 병원의 초기 형태라 할 수 있는 복지 시설을 설립했지만 이를 찾는 사람은 일부 가난한 계층뿐이었다. 평범한 사회 구성원은 병들어 죽어갈 때 공동체의 도움을 받았다.

하지만 시간이 흐르고 산업화가 진행되자 사람들은 도시로 향했다. 의학의 진보로 과거에는 불치병으로 여겨졌던 질병의 치료가 가능해졌고, 병원은 도시에 거주하는 환자를 돌보고 생명을 구하는 주요 기관으로 자리 잡았다. 의사는 목숨을 구하는 영웅으로 여겨졌다.

이뿐만이 아니다. 병원은 약과 치료를 제공하는 데 그치지 않고 아프고 죽어가는 가족과 이웃을 돌보는 공동체 구성원의 짐을 덜어줬다. 환자를 돌보는 일은 무척 고되지만 들어가는 품에 비해 돌아오는 공은 미미하다. 아무리 사랑하는 사람이라도 쇠약해진 육체를 들어올리고, 진물이 흘러나와 악취가 풍기는 상처를 소독하고, 살이 접힌 부분에 낀 때를 씻어내고, 대소변을 받아내기는 쉽지 않다.

신체가 건강해도 정신이 흐려지고 성격이 변하면 가장 가까이에서 환자를 성심성의껏 돌보던 가족조차 지치기 마련이다. 의사이자 작가인 내 동료 마조리 로젠탈은 아버지가 치매에 걸려 온 가족, 그중에서도 특히 어머니가 굉장히 힘든 시간을 보냈다고 이야기했다. 어머니는 온종일 아버지를 간병했고, 시간이 갈수록 걱정스러운 모습을 보여줬다. 로젠탈은 그런 어머니를 위해 소설책을 하나 선물했다. 분명 좋아할 거라 생각했지만 전혀 예상치 못한 대답이 돌아왔다. "소설을 읽을 정도로 정신을 집중할 수 없다며 책을 돌려주셨어요."[15]

사회와 단절된 상태에서 오랜 시간 환자를 돌보는 행위는 혈압상승, 불면증, 공황장애, 우울증을 유발하는 등 건강에도 엄청난 영향을 미친다.

어느 날 로젠탈의 아버지가 이웃의 아파트에 불쑥 들어가서는, 같이 사는 여자가 시도 때도 없이 청소를 하라고 잔소리를 퍼부어댄다며 불평하는 사건이 벌어졌다. 로젠탈은 아버지를 데리고 집에 돌아와 기억을 상기시키려 애썼다. "아버지, 아버지랑 같이 사는 여자는 엄마잖아요. 아버지 아내요." 그랬다. 아버지는 45년 동안의 결혼 생활을 전혀 기억하지 못한 것이다. 아버지를 돌보기는 점점 힘들어졌고, 로젠탈과 가족은 결국 아버지를 요양 시설에 모시기로 했다.

현재 1600만 명이 넘는 미국인이 아무런 대가를 받지 않고 치매환자를 돌보고 있다.[16] 2018년 미국인이 치매환자를 간병하는 데 소비한 노동력을 화폐가치로 환산하면 무려 2340억 달러(약 280조원)에 이를 것으로 추정된다. 말기 암, 심부전, 폐 질환 환자까지 포함하면 부담은 훨씬 커진다.

노인 간병 경험이 있는 사람을 대상으로 한 설문조사에 따르면 다섯 명 중 한 명이 고된 노동으로 건강이 악화됐다고 응답했다. 경제적 여유만 있다면 전문 간병인의 손을 빌려 신체적, 정신적 부담을 덜겠다는 사람 또한 굉장히 많다.

병원이 보편화되기 전, 병들거나 죽어가는 환자를 돌보는 일은 당연히 가족의 몫이었다. 다른 대안이 없었기 때문이다. 하지만 막중한 책임을 짊어진 가족은 늘 도움의 손길을 바랐다. 20세기에 들어서자 병원이 그 짐을 덜어주었다. 병원은 항생제를 처방하고, 중환자실에 의료진을 배치하는 데 그치지 않고 병들어 죽어가는 환자를 돌보았다. 필리프 아리에스의 표현을 빌리자면, 병원은 "전문 의료진이 상주하는 죽음의 현장"으로 자리 잡았다.[17]

끔찍한 질병과 지저분한 죽음은 병원 차지가 됐다. 죽음은 공공연히 언급되고, 성性이 숨겨야 할 것으로 여겨지던 시대가 있었다. 하지만 이제는 상황이 변했다. 성이 아닌 죽음이 대화에서 사라졌다. 1955년 영국 인류학자 제프리 고러Geoffrey Gorer는 이런 현상에 '죽음의 포르노'라는 이름을 붙였다.[18] 죽음은 대중의 시선에서 멀어지고 예의 바른 대화 주제에서 제외됐다. 이제 의사는 죽음을 입에 담지 못하고, 가족들은 죽음을 목격하지 못한다.

병원에서 맞이하는 죽음의
장점과 단점

우리는 요람과 관이 함께 놓인 오두막에서 병원까지 죽음의 현장을 쭉 살펴봤다. 문화, 경제, 기술이 발전하면서 낯선 사람의 간병을 받으며 말끔하게 소독된 병실에서 맞이하는 죽음이 당연해졌다. 오늘날 부모들은 자녀와 피임에 대해 이야기하는 것보다 불치병에 걸린 부모와 죽음에 대해 이야기하는 것을 더 불편하게 느낀다.[19] 아름다운 죽음을 공부한다면 우리는 의문을 품어야 한다. 병원에서 맞이하는 죽음에도 아름다움이 깃드는가? 나는 '그렇다'고 생각한다. 내 환자가 겪은 사건 덕분에 긍정적인 측면을 발견할 수 있었다.

나이가 지긋한 아버지와 중년에 접어든 딸이 토스카나로 장기 휴가를 가기로 했다. 80대 초반인 새뮤얼 러브Samuel Loeb는 심장에 사소한 문제가 생겨 병원을 몇 번 찾았지만 나이에 비해 건강한 편이었다. 여행을 가지 않을 이유가 없었다. 문제가 생기더라도 이탈리아 현지 병원에서 적절한 조치를 받을 수 있을 것이라 생각했다.

안타깝지만 휴가는 계획대로 흘러가지 않았다. 새뮤얼의 신체에 예상치 못한 감염이 일어났고, 심장은 스트레스를 견디지 못해 기능이 저하되기 시작했다. 심장이 악화되자 폐도 뒤따라 문제를 일으켰다. 딸 맨디는 로마 병원에 새뮤얼을 데려갔다. 의료진은 곧장 새뮤얼을 중환자실에 입원시키고 생명유지장치를 달았다.

　나는 어떻게든 새뮤얼을 놓고 싶었지만 시차 맞추기가 쉽지 않은 데다 전화는 끊기기 일쑤였다. 이탈리아 현지의 의료 기록에 접근할 권한도 없었다. 전해 들은 이야기로는 상황이 좋지 않았다. 나는 맨디에게 가능한 한 오래 이탈리아에 머물면서 치료를 받으라고 권했다.

　맨디는 여러 번 체류 기간을 연장하다가 환자 수송기를 예약해 새뮤얼을 데리고 뉴욕으로 돌아왔다. 새뮤얼은 입국하자마자 중환자실에 입원해 30년 동안 인연을 이어온 의사에게 진찰을 받았다. 새뮤얼은 두 대륙의 중환자실에서 4주 동안 치료를 받았지만 감염은 재발했고, 결국 온몸에 퍼진 염증을 이겨내지 못하고 세상을 떠났다. 맨디는 비고를 전하며 이렇게 이야기했다. "아버지가 뉴욕으로 돌아올 수 있어서 다행이에요. 뉴욕이 '집'이잖아요. 아버지는 꼭 집에서 임종을 맞이하고 싶다고 하셨어요. 수송기를 탈 때는 정신이 또렷하셨어요. 집으로 돌아간다는 걸 아셨어요. 그대로 이탈리아에서 떠나셨다면 제 마음이 편하지 않았을 거예요." 놀라웠다. 새뮤얼에게 집은 고향 땅이자, 자신이 거주하던 도시이자, 모국어를 사용하는 의료진이 있는 장소이자, 의료 보험으로 병원비를 낼 수 있는 나라였다. 집은 단순히 주택이 아니었다.

　내 환자 다이애나는 병원에서 죽었지만 죽음의 기술, 즉 아르스 모리엔디를 누구보다 잘 실천했다. 다이애나는 운 좋게 예후보다 몇 년을 더 살았고, 덕분에 집에서 마지막 숨을 거두려면 어떤 준비를 해야 하는지 생각할 수 있었다. 하지만 결국 다이애나는 미리 세워 놓은 계획을 포기하고 병원에서 죽기를 선택했다. 다이애나에게 병원은 안전하고 따뜻한 장소였다. 병원에서는 질식할 것 같은 고통을 피할 수 있었다. 그곳에서 다이애나는 혼자가 아니었다.

대개 그렇듯, 나 또한 병원은 작별인사를 나누기에 적합한 장소가 아니라는 편견에 사로잡혀 있었다. 병원에서 좋은 죽음을 맞는 사람을 본 적이 거의 없기도 했고, 죽음의 기술을 실천하려면 삭막한 병실을 벗어나야 한다고 믿었기 때문이다.

하지만 수없이 많은 환자의 마지막 가는 길을 배웅하면서 생각이 점차 바뀌었다. 병원도 인생을 정리하기에 괜찮은 장소가 될 수 있다. 환자가 병원에 머무르는 이유는 다양하다. 집에 계단이 많아 생활이 불편하거나 의료 보조기를 설치하기에는 방이 너무 작아서 입원하는 환자도 있고, 가족 관계가 복잡한 탓에 집에서는 마음 편히 숨을 거두기 어렵거나 24시간 간병이 필요하기 때문이기도 하다. 죽음이 임박해 집에 돌아가지 못하는 경우도 있다.

병원에서 맞이하는 임종에는 단점도 있다. 의사는 환자가 죽음에서 벗어나도록 갖은 애를 쓰고 환자는 건강을 되찾기 위해 무엇이든 하겠다고 이야기한다. 하지만 치료는 또 다른 치료를 낳고, 치료가 길어지는 만큼 환자의 고통도 늘어난다.

예상치 못한 부작용과 합병증이 나타나기도 한다. 병원에서는 환자와의 접촉이 엄격히 제한된다. 정해진 시간에 미리 허락받은 사람만 면회가 가능한 병원도 있다. 해가 저물면 가족조차 병실에 출입이 불가능한 경우도 있다. 소음이 문제가 되거나, 병실을 같이 쓰는 환자와 마찰을 빚을 때도 있다. 게다가 병원에서는 죽어가는 환자에게 어마어마한 비용을 청구한다. 미국 중환자실 '하루 입원비'는 1만 달러를 훨씬 웃돈다.

따라서 우리는 병원에서 잘 죽는 법을 고민하는 동시에 어떻게 병원에서의 죽음을 피할 수 있을지도 신중하게 고민해야 한다. 유명한 비올라 연주자이자 지휘자인 제스 레빈은 2008년에 췌장암을 선고받았다. 제스와 제스의 아내 질 펠레트 레빈은 남은 시간이 얼마 안 된다는 사실을 받아들였다. 질은 과거를 회상하며 이렇게 말했다. "우리는 가장 먼저 어떻게 하면 제스가 집에서 마지막을 맞이할 수 있을지 이야기했어요." 제스는 집에서 평온하고 안락하게 눈을 감고 싶다고 했다.

제스는 1940년에 브롱크스에서 태어났다. 부모님은 1세대와 2세대 유대계 폴란드인 이민자였다. 첼로를 연주하던 아버지의 영향이었는지 제스는 아주 어렸을 때부터 비올라에 놀라운 재능을 보였다. 메네스예술대학에서 비올라를 전공하고 모나코로 넘어가 이고르 마르케비치와 함께 지휘봉을 잡았다. 제스는 미국 전역의 여러 교향악단에서 수석으로 활동했고, 몇몇 교향악단의 지휘를 맡기도 했다. 스페인의 청년 교향악단 세 군데에서는 연주자이자 지휘자로 활약했다. 제스는 예일대학교 음악대학에서 25년 동안 비올라와 실내악을 가르치며 젊은 음악가 지도에 힘썼다.

제스는 집에서 죽길 간절히 바랐지만 그렇다고 가만히 손 놓고 앉아 죽음을 기다리지는 않았다. 오히려 죽음이 다가올수록 음악에 더욱 몰두했다. 몸이 허락하는 순간까지 예일대학교에서 지도를 계속했다. 건강이 더 악화되자 음악대학 학장은 비올라를 전공하는 학생을 택시에 태워 제스의 집으로 보냈다.

사망 몇 주 전, 제스는 거실 병상에 누워 마스터 클래스를 진행했다. 제자들과 함께하는 마지막 시간이라는 사실을 본능적으로 느꼈다. 제스는 마지막으로 제자에게 진심 어린 조언을 건넸다.

> 음악가이자, 선생, 예일대학교 교수로서 여러분의 성장을 돕는 동안 무척 즐거웠습니다. 세상으로 나가 재능을 펼치세요. 관용을 베푸세요. 이타적인 마음으로 서로 돕고, 또 도움을 받으세요. 인생을 살면서 언제 어떤 일이 일어날지는 누구도 알 수 없습니다. 지금 곁에 있는 사람에게 잘하세요. 저는 여러분 모두를 제 자신처럼 아끼고 사랑합니다. 우리는 음악으로 하나가 됐으니까요.

이 말을 끝으로 제스는 마지막 수업을 마무리했다.

제스는 암을 이겨낼 것이라는 헛된 희망을 품지 않았다. 그렇다

삶의 마지막까지, 눈이 부시게

고 삶을 포기하지도 않았다. 제스는 완전 비경구 영양법, 즉 TPN 으로 영양소를 공급받길 원했다. TPN은 입으로 음식을 섭취할 수 없는 경우 중심 정맥에 카테터를 삽입해 수액으로 영양분을 주입하는 치료법이다. 제스는 직접 음식을 씹어 삼키는 것조차 버거워했고, 남은 시간을 조금이라도 연장하고자 TPN을 받기로 결정했다. 이 결정은 얼마간의 시간을 벌어주었다.

제스가 죽기 몇 주 전, 호스피스 병동 간호사는 제스가 마지막 지휘를 할 수 있도록 아내 질에게 TPN 수액 해제하는 법을 알려주었다. 제스는 몇 년 동안 뉴브리튼교향악단을 지휘해왔고, 마지막 숨을 거두기 전까지 지휘를 그만둘 생각이 없었다. 질은 도저히 마음이 놓이지 않더라고 이야기했다. "그때 제스의 안색은 유령처럼 창백했어요." 제스는 몇 주 동안 침대를 벗어난 적이 없었고, 질은 교향악단 단원에게 남편이 무대에서 몸을 가누지 못하거든 옆에서 붙잡아달라고 신신당부했다.

걱정할 필요가 전혀 없었다. 몇십 년의 연습과 경력은 암을 이겨냈다. 제스는 지휘봉을 들고 단원과 함께 아름다운 음악을 만들었다. 마에스트로는 죽음 앞에 좌절하지 않았다.

제스가 죽음의 기술을 실천하는 동안 가족과 공동체 구성원이 곁을 지켰다. 질은 남편의 마지막 여정을 함께하는 영광을 누렸다. 질은 제스가 음악가로, 스승으로, 아버지로, 반려자로 맡은 역할을 다할 수 있도록 그를 도왔다. 죽음을 앞둔 순간에도 마찬가지였다.

질은 목소리를 잃은 제스를 대신해 의견을 제시했다. 치료와 관련된 결정에서 제스의 존엄성과 인간성을 가장 중요하게 여겼다. 제스는 바라던 대로 아내와 아들의 마지막 배웅을 받으며 집에서 눈을 감았다.

제스의 사례는 아름다운 죽음 또한 아름다운 삶의 일부임을 잘 보여준다. 제스의 이야기는 지금 이 순간부터 죽음을 준비하라는 교훈을 준다. 죽음이 성큼 다가와도 분별력을 잃거나, 병원에 지나치게 의존하거나, 죽음에 대한 두려움을 이겨내려 기술에 의존해서는 안 된다.

무엇 하나 쉽지 않다. 병원이 제공하는 치료로 얻을 수 있는 이익을 제대로 파악하려면 현실을 직시하고 의료진과 솔직한 대화를 나눠야 한다. 집에서 죽음을 맞이하고 싶다면 계획을 세워야 한다. 병원 침대를 포함한 의료기기를 구비하는 것만으로는 충분하지 않다. 가족과 친구가 시간을 조정해 돌아가며 환자를 돌봐야 하고, 무엇보다 한계를 인정하고 연명치료에서 고통완화로 방향을 바꿀 시기를 놓치지 않아야 한다.

죽음에 대한 공포를 극복하지 못하면 죽음을 준비하기가 훨씬 어려워진다. 다음 장에서는 죽음을 앞두고 느끼는 두려움에 대해 이야기하겠다.

제5장

죽음의 공포가 우리를 덮칠 때

알베르 카뮈의 『페스트』는 죽음에 대한 인간의 두려움을 생생히 그려낸다. 제목에서 유추할 수 있듯,『페스트』는 20세기 전염병이 창궐한 알제리 오랑Oran을 묘사하고 있다. 지중해 해안 도시인 오랑은 서기 900년경 무어인이 건설했지만 이후 천 년이 넘도록 에스파냐, 오스만튀르크, 프랑스에 점거됐다. 1940년대, 오랑에서 페스트균에 감염된 쥐가 발견됐다. 600여 년 전 플로렌스를 휩쓴 전염병이 되살아난 것이다. 이 무렵 오랑에는 프랑스인이 살고 있었다. 이들은 이미 아르스 모리엔디의 가르침을 잊은 지 오래였다. 죽음은 더 이상 적절한 대화 주제가 아니었고, 병자는 사회에서 소외됐다.

뭔가가 잘못되고 있었다. 페스트가 오랑에 상륙한 첫날, 골목길과 인도, 공동주택 등 도시 전체에 쥐 사체가 들끓었다. 그리고 쥐 사체가 처음으로 발견된 지 48시간 만에 모든 쓰레기통은 죽은 쥐로 가득 찼다. 공장과 창고에는 떼죽음 당한 쥐가 무더기로 발견됐다. 3일째 되는 날, 오랑시 공무원은 도시 곳곳에서 발견되는 쥐 사체를 소각장으로 실어 나르기 시작했다. 뉴스에는 하루에 8,000마리가 넘는 쥐가 소각됐다는 기사가 흘러나왔다.

제아무리 인내심이 강한 사람조차 쏟아지는 쥐 사체를 더 이상 참기 어려운 지경에 이르렀을 무렵, 시 위생과에서 쥐 사체가 확연히 줄어들었다는 반가운 소식을 발표했다. 12일째 되던 날이었다. 시민은 안도의 한숨을 내쉬었다. 불운한 떼죽음을 가져온 원인이 무엇인지는 알 수 없었지만 곧 일상을 회복할 수 있다는 사실에 그저 기쁠 따름이었다.

하지만 얼마 안 가 더 큰 재난이 들이닥쳤다. 이번에는 사람들이 시름시름 앓기 시작했다. 열이 나고, 헛것을 보고, 사타구니와 겨드랑이 임파선에 혹이 나고, 통증을 느꼈다. 호흡 곤란을 호소하는 사람이 나타났고, 피를 토하는 사람도 있었다. 도시 곳곳에 널브러져있던 쥐 사체가 떠올랐다. 두껍게 낀 공포의 안개가 해안 노시를 집어삼켰다.

거리에 쥐 사체가 등장하기 전까지만 해도 오랑 시민들은 양면적 태도로 죽음을 대했지만 누구 하나 이상하게 느끼는 사람이 없었다. 하루에 수만 명의 목숨을 앗아간 유스티니아누스 페스트는

삶의 마지막까지, 눈이 부시게

오랑 시민에게 생소한 질병이었고, 14세기 서유럽을 휩쓴 페스트 또한 이들의 관심사가 아니었다. 인류가 경험한 비극을 통해 배우려는 마음보다 죽음에 대한 생각을 떨치려는 마음이 더 컸다.

같이 살던 시민들이 하루에 수십 명씩 페스트로 죽기 시작했을 때조차 오랑 시민은 생명의 유한함을 애써 외면했다. 시에서 격리 지침이 내려왔다. 여행과 해수욕이 금지됐지만 사람들은 격리 수칙을 어기고 평소와 같은 생활을 이어갔다. 곧 페스트가 사라지고 안전한 삶을 되찾길 바라는 마음이었다. 전염병은 혼란을 가져왔으나 공포감을 심어주지는 못했다.

전염병이 돌기 시작한 지 한 달쯤 지났을 무렵, 뉴스에서 현지 예수교 사제인 파늘루 신부의 설교를 내보내기 시작했다. 극적인 연출과 말재주로 유명한 파늘루 신부는 조금도 주저하지 않고 오랑 시민의 달콤한 착각을 산산이 부숴버렸다.

카뮈의 이야기 속에서 파늘루 신부는 오랑 시민에게 그들의 오만이 재앙을 가져왔노라 경고하며 스스로를 낮추고 신이 역병을 거둬가길 기도하라고 일렀다. 신부에게 페스트는 지상에 펼쳐진 지옥의 불구덩이였다.

파늘루 신부의 설교가 시민의 공포를 극대화했는지에 관해서는 의견이 분분하지만 어쨌든 신부가 설교했던 그날부터 온 도시가 공포에 사로잡혔다. 신부의 경고가 도화선이 되어 처음으로 페스트의 심각성을 인식한 것이다.

바로 그 다음 주부터 기온이 치솟았고, 페스트 사망자 또한 급증했다. 오랑 시에 새로 출간된 신문 『페스트 일보』는 사망자 집계를 주 단위에서 일 단위로 바꿔 공유하기 시작했다. 92명, 107명, 130명. 날이 갈수록 날씨는 더워졌고, 공포는 확산됐다.

오랑 시민은 14세기 플로렌스에 살던 사람들과 똑같이 반응했다. 많은 사람이 집에 틀어박혀 블라인드를 내리고 문을 잠갔다. 흥청망청 돈을 쓰고 다니는 사람도 있었다. 오랑을 찾았다가 페스트에 굴복한 한 방문자의 일기장에서는 이런 글이 발견됐다. "매일 오전 11시쯤 중심가에서는 청춘 남녀의 행렬이 이어졌다. 이들을 보고 있자면 재난의 한가운데서도 살고자 하는 인간의 강한 열망이 느껴졌다."[1] 누군가는 바쁘게 거리를 돌아다니며 분명한 이유없이 폭력적인 행동을 보였고, 다른 누군가는 봉쇄된 도시를 벗어날 방법을 찾아 헤맸다.

무시무시한 열기와 공포가 뒤섞인 도시에서 법은 힘을 잃었다. 경찰도 도시에 갇혀 절망하긴 마찬가지였지만 이성을 잃고 날뛰는 시민을 통제하려면 순찰을 강화할 수밖에 없었다. 시 공무원은 철저한 방역만이 전염병을 예방하는 길이라며 신체 건강한 남성을 징집해 도시를 청결히 유지하자는 의견을 제시했다. 하지만 시민을 억지로 사지로 내몬다는 생각은 공포감을 더욱 고조할 뿐이었다. 죽음이 가까워질수록 두려움도 커졌다.

위에서 묘사한 광경은 다행히 실제 사건이 아
니다. 1947년에 발표한 카뮈의 유명한 작품『페스트』는 소설이다.
당시 알제리에 페스트 환자가 몇몇 나오긴 했지만 산발적 발병이
었을 뿐, 전염성은 없었다. 어떤 사람은 카뮈가 1세기 전 오랑에서
발생한 콜레라에 영감을 받았다고 믿는다. 나치의 프랑스 점령에
대한 반발을 은유적으로 표현했다는 의견도 있다. 카뮈가 소설을
쓴 의도야 뭐가 됐든『페스트』는 전염병의 위협 속에서 생명의 유
한함을 인식하고 죽음의 공포에 떠는 인간 군상을 생생히 그려낸
다. 언제 죽을지 모른다는 두려움에 휩싸인 인간은 운명을 통제하
기 위해 죽음에 전쟁을 선포하거나 죽음으로부터 달아난다.

오늘날 병원에서는 전시에나 사용될 만한 단어가 흔히 들린다.
"그 할아버지가 폐렴에 맞서 싸우고 있다더라, 내 친구는 암 생존
자야, 나는 이 감염을 이겨낼 거야, 그 애는 타고난 전사니까 병을
극복할 수 있을 거야." 우리는 전투에 참가하는 장군처럼 결연한
태도로 전진하면서 적을 겁낼 필요가 없다고 자신과 사랑하는 이
들을 안심시킨다. 우리에게는 강력한 의료 기술이 있고 우리가 정
복하지 못할 질병은 없어 보인다.

문학계의 대모 수전 손택은 1978년에 출간한 책『은유로서의 질
병』(이후, 2002)에서 전쟁 용어가 널리 퍼지게 된 과정을 설명한다.[2]

1880년대, 박테리아가 '질병의 원인'이라는 사실이 밝혀지면서 점차 대중화된 표현은 마침내 암에도 적용됐다. 손택은 이렇게 이야기했다. "박테리아가 신체를 '공격'한다거나 장기에 '침투'한다는 표현을 들어본 적이 있을 것이다. 암을 포함한 질병을 묘사하기 위해 사용하는 전쟁 용어는 사회가 질병을 대하는 태도에 지대한 영향을 미친다. … 암은 전쟁을 불사해서라도 이겨내야 할 적으로 간주된다."

수전 손택은 질병, 암, 치료를 구체적으로 묘사했다. 투병 경험이 있기에 가능한 일이었다. 1975년, 손택은 4기 유방암을 진단받았다. 여기에 그치지 않고 1998년에는 자궁암을, 2004년에는 혈액암의 일종인 백혈병을 선고받았다. 낮은 생존 확률에도 불구하고 유방암을 이겨내고 『은유로서의 질병』을 집필했다. 자궁암 또한 극복했지만 백혈병은 물리칠 수 없었다.

손택은 죽음을 끔찍이 두려워했고 자신이 죽는다는 사실을 견디기 어려워했다. 손택의 아들 데이비드 리프가 이야기하길, "어머니에게 죽음은 살인만큼이나 부당한 것"이었다.[3] 손택은 같은 두려움을 공유하는 작가와 예술가의 작품에 끌렸다. 인간의 유한성을 받아들이지 못한다는 공통점이 있었기 때문이다. 물론 손택 자신은 죽음을 피할 수 있다고 믿을 만큼 순진하지는 않았다. 죽음을 주제로 한 손택의 글은 무척 이성적이었다. 자신이 언젠가 죽을 것이라는 사실 또한 잘 알고 있었다. 차마 자신의 죽음을 이야기하지

삶의 마지막까지, 눈이 부시게

못할 뿐이었다.

이런 공포 때문에 손택은 죽음을 순순히 맞이할 생각이 없었다. "어머니는 치료 확률이 희박하고 그 과정이 고통스럽더라도 얼마든지 감당할 각오였습니다." 손택과 담당 의료진은 죽음의 위협에 전략적으로 대응하기로 결정했다.

어떤 '폭력적인' 치료법이라도 좋으니 혈액에 침투한 암을 물리쳐 달라고 의사에게 부탁했다. 손택이 목숨을 구할 수 있는 방법은 골수이식뿐이었지만 그 나이에 골수이식은 기적이 일어나지 않는 이상 성공할 수 없을 정도로 확률이 희박했다. 담당 의사는 골수이식에 성공하더라도 제대로 된 삶을 살 수는 없을 것이라 말했다. 하지만 손택은 그야말로 생사를 건 전투에 임할 준비가 돼 있었다.

데이비드 리프는 어머니가 살면서 보인 그 어떤 욕구보다 살고자 하는 욕구가 강했다며, 죽음을 향한 두려움까지 넘어설 정도였다고 이야기했다. 아마 리프의 말이 맞을 것이다. 어머니와 잘 알고 지내던 아들의 평가를 반박할 생각은 없다. 하지만 내 경험에 따르면 환자들이 희박한 성공 확률과 숱한 경고에도 불구하고 실험적인 치료를 선택한 이유는 대부분 살고자 하는 욕구가 아니라 죽음에 대한 공포 때문이었다. 이들은 실패할 가능성이 훨씬 크더라도 죽음을 피할 수 있다면 무엇이든 해보겠다고 말했다. 극단에 내몰린 상황에서 살고자 하는 욕구와 죽음을 향한 공포는 동전의 양면과 같은지도 모른다.

죽음이 머지않았다는 사실을 깨닫고 분노한 사람의 심리를 어떻게 이해하면 좋겠느냐는 질문을 한 레지던트에게 받은 적이 있다. 그 레지던트는 암으로 어머니를 잃었다고 했다. 어머니는 죽음을 두려워하기보다는 단지 자신이 곧 죽을지도 모른다는 사실에 분개했을 뿐이라고 말했다. 분노를 원동력 삼아 암과 맞서 싸운 것이다. 손택이 그랬듯, 레지던트의 어머니 또한 치료에 성공하면 생명을 연장할 수 있다는 희망을 품고 온갖 고통을 견뎌냈다.

살고 싶은 욕구와 죽음을 향한 두려움 중 어떤 감정이 병마와 싸울 힘을 주는지 구별하기는 쉽지 않다. 마찬가지로, 죽음을 향한 두려움과 예상치 못하게 찾아온 죽음에 대한 분노 또한 구별하기 어렵다. 젊은 레지던트의 어머니는 아직 가족과 함께할 시간이 한참 남았다고 생각했는데 난데없이 암에 걸려 시한부 판정을 받아 화가 났을 것이다. 하지만 분노 속에는 두려움이 섞여있을 수밖에 없다. 분노는 두려움의 흔한 표현 방식이다.

사람은 대부분 죽음을 두려워한다. '죽음 안에서 평화를 찾았다'라는 사람조차 공포로부터 완전히 자유로울 수는 없다. 미지의 영역에 대한 공포는 인간의 본능이다. 하지만 두려움을 느낀다고 해서 모든 사람이 생명 연장을 위한 고통스러운 치료 과정을 감수하지는 않는다. 성공 확률이 낮고 끔찍한 고통이 따르는 치료 또는 평화로운 죽음, 이 둘을 선백시도 제시하면 많은 사람이 후자를 선택한다. 물론 전자도 적지 않다.

수전 손택의 골수이식은 완전히 실패했다. 담당 의사가 병실에 찾아와 골수이식에 실패했고, 백혈병이 악화되고 있다는 소식을 전하던 날 데이비드 리프는 어머니의 곁을 지키고 있었다. 손택은 다른 사람의 도움 없이는 몸을 뒤집을 수도 없을 정도로 약해져있었다. 약물치료를 계속했지만 시간이 지날수록 병세는 깊어져갔다. 손택은 의사가 전한 소식을 의연히 받아들이지 못했다. 리프가 이야기하길, "어머니는 현실을 받아들이지 못하고 충격에 소리를 질러대셨어요. '내가 죽는다니, 말도 안 돼!' 어머니는 금방이라도 부러질 것 같은 앙상한 팔로 침대를 두드리며 연신 같은 말을 반복하셨습니다." 수전은 더 실험적인 치료를 실시해달라고 간청했다.

수전 손택은 입안부터 발바닥까지 온몸에 멍이 가득한 채 세상을 떠났다. 데이비드 리프는 어머니가 치료에 따르는 고통을 충분히 이해하고 있었지만 조금이라도 더 오래 세상에 머물기 위해 "모든 위험을 감수하고 주사위를 굴렸다"라고 이야기했다. 죽음을 향한 분노가 얼마나 거셌던지 손택은 정신이 온전치 못한 와중에도 의사에게 치료를 계속해달라고 부탁했다. 죽음을 그만큼 두려워한 것이다.

손택이 사망한 후 데이비드 리프가 쓴 회고록에 따르면 고인이 숨을 거두기 전 마지막 몇 달 동안 리프를 비롯해 손택과 가까이 지내던 사람들은 미리 입을 맞춰 진실 대신 희망적인 말만을 건넸다. 그러느라 죽음이 가까워지고 있다는 사실은 알리지 못했다. 제대로 된 작별인사도 나누지 못했고, 애정을 충분히 표현하지도 못했다. 리프는 어머니의 죽음을 이렇게 묘사했다. "고립을 두려워하고 사람과 관계 맺기를 무척 어려워하던 어머니는 누구보다 외로운 죽음을 맞이했다."[4]

제1장에서 소개했던 W. J. 터너 씨의 딸과 수전 손택은 죽음과 전쟁을 벌여서라도 운명을 통제하려 했다. 이렇게 두려움이 분노로 나타나 죽음과 맞서 싸우려는 사람이 있는가 하면 두려움을 이기지 못하고 죽음에서 도망치려는 사람들도 있다.

두려움에서 벗어나기 위해
죽음을 택하는 사람들

인간은 스스로 통제할 수 없는 요소에 두려움을 느낀다. 생물의 기능을 연구하는 의학 분야인 생리학에서는 두려움이 '투쟁-도피' 반응을 일으킨다고 설명한다. 즉, 위협을 느끼면 상대와 맞서 싸우거나 도망친다는 것이다. 호르몬 과다 분비로 신경계가 활성화되면 심박이 증가하고, 숨이 가빠지고, 동공이 커

126

져 더 많은 빛을 받아들이고, 소화기능이 저하된다. 목숨을 구해야 할 상황이 오면 싸우거나 달아날 수 있도록 소화 목적으로 사용되던 장기의 피가 근육으로 몰리기 때문이다.

하지만 어떻게 죽음으로부터 달아난단 말인가?

많은 사람은 의사조력자살이 죽음의 과정에 합리적인 탈출구를 제시한다고 주장한다. 실제로 미국 몇 개 주에서는 조력자살을 허용하고 있다. 불치병을 앓는 환자가 스스로 목숨을 끊고 싶다는 의견을 표시하면 의사가 조력자살에 대한 정보를 제공하고 유독약물을 처방한다. 의사나 간호사가 환자에게 유독약물을 직접 주입해 죽음을 유도하는 안락사와는 다르다. 미국을 포함한 대부분의 국가에서 안락사는 살인으로 간주된다.

주로 어떤 사람이 죽음으로부터 달아나기 위해 조력자살을 선택할까? 20년이 넘는 오리건주 조력자살 통계를 살펴보면 유독약물 처방을 요청한 환자의 특징과 그 이유를 짐작할 수 있다.[5] 조력자살을 선택한 사람은 대부분 자신의 인생에 통제권을 지니고 있었다. 유색인종보다는 백인이, 미혼보다는 기혼 또는 결혼했지만 반려자를 먼저 떠나보낸 사람이 많았다. 대개 교육 수준이 높고 보험 가입자였다. 안정적인 삶을 살던 사람들이다.

환자가 조력자살을 원하는 가장 큰 이유는 '투쟁-도피' 중 '도피'를 선택해 스스로 죽음을 통제함으로써 공포를 완화하려는 욕구가 크기 때문이다. 죽음이 가까워지면서 어떤 부분이 가장 걱정되느냐고 물었을 때, 환자의 90퍼센트가 자율성을 잃고 삶을 즐겁게 만들던 활동에 참여할 수 없는 점이 가장 우려된다고 답했다. 이들은 자신의 존재와 행동을 통제할 수 없음을 가장 걱정했다.

또, 환자의 4분의 3 정도가 존엄성을 잃을까 봐 두렵다는 반응을 보였다. 오리건주에서 '존엄성'이 무엇인지 따로 정의하지 않았으니 옥스포드 영어사전에서 단어의 의미를 찾아보자. 존엄성은 "인간이 지니는 가치와 명예"를 뜻한다. 그럼 아픈 사람은 왜 죽음이 가치와 명예를 앗아간다고 생각할까? 이 질문은 현대인이 죽음의 기술과 얼마나 멀어졌는지 잘 보여준다. 아르스 모리엔디에 따르면 생의 마지막으로 향하는 여정에 동행하는 가족과 친구에게 희망과 축복의 말을 건넴으로써 존엄성을 고양할 수 있다. 따라서 죽음은 존엄성을 손상하기는커녕 오히려 고취한다.

오리건주 환자는 존엄성 상실이 두렵다고 했지만, 사실은 대소변을 가리거나 몸을 씻는 등 기본적인 생활조차 스스로 할 수 없어 남에게 도움을 받아야 할 때 느끼는 수치심을 우려했을 것이다. 실제로 오리건주에서 유독약물 처방을 요청한 환자의 거의 절반이 신체 기능을 상실해 가족이나 친구에게 짐이 되는 상황을 걱정했다. 통증 자체를 걱정하는 환자는 4분의 1에 그쳤다. 현대 의학이 통증 완화에 얼마나 큰 진보를 가져왔는지 잘 보여주는 대목이다.

위에서 언급한 내용을 종합하면 이런 결론이 나온다. 오리건주에서 조력자살을 선택한 환자는 비교적 안정적인 환경을 지녔으

삶의 마지막까지, 눈이 부시게

며, 예측할 수 없는 죽음의 과정 앞에 확실한 무언가를 찾으려는 욕구를 보인다. 안정을 추구하는 환자에게 의사조력자살은 자신이 죽을 시간과 장소를 선택할 수 있다는 점에서 죽음을 통제할 여지를 제공한다.

우리는 통제할 수 없는 것을 두려워하고, 두려워하는 것을 통제하려 노력한다. 하지만 죽음을 통제함으로써 두려움에서 벗어날 수 있을까? 단순히 순간의 공포를 떨쳐내려는 시도는 아닐까? 가망 없는 치료나 이른 죽음을 선택하는 대신 자연스럽게 죽어가는 수많은 환자는 어떻게 두려움을 감당할까?

의사조력자살이 취약계층의 죽음을 부추기지는 않는지, 국가의 허락 아래 의사가 죽음을 처방하는 행위가 옳은지에 관한 논쟁은 이 장에서 이야기하려는 주제를 벗어난다. 다만 나는 죽음에 맞서 싸우고 싶은 의지는 없지만 죽음을 통제하고 싶은 사람들이 왜 조력자살을 선택하는지 이야기하고 싶었을 뿐이다.

안전과 안정

두려움은 '투쟁-도피' 반응을 유도한다. 그리고 죽어가는 사람들은 질병에 전쟁을 선포하거나 일찍이 목숨을 포기함으로써 죽음을 통제하려는 모습을 보인다. 무엇이 이들을 이토록 겁에 질리게 만들었을까?

좋은 환경에서 태어난 아이들은 건강하고 행복하게 성장한다. 하지만 모두가 바람직한 조건을 갖고 태어나지는 않는다. 나는 병원에서 근무하는 동안 훌륭한 교육과 의료 혜택을 누리기는커녕 따뜻하게 보살펴주는 가족 하나 없이 기본적인 영양분조차 섭취하지 못하고 빈곤과 폭력 속에 자라는 아이들을 여럿 봤다. 유년 시절에 겪은 물질적, 정서적 결핍은 안타까운 결과를 가져온다.

가난하지만 애정이 넘치는 가정에서 성장한 사람은 고난과 역경을 극복할 수 있다. 하지만 수전 손택처럼 물질적으로는 부족함이 없지만 심리적 박탈감을 느끼며 자란 사람은 다르다. 부유한 모피 무역상이었던 손택의 아버지는 그녀가 5살 때 죽었다. 손택에게 그리 애틋하지 않던 어머니는 곧 재혼했지만 새아버지는 손택과 여동생을 입양하지 않았다. 부모에게 거부당했다고 느낀 손택은 애정에 목마른 어린 시절을 보내며 절대 패배에 굴복하지 않는 인생을 살 것이라 결심했다.

성장기를 어떻게 보냈든지, 대부분은 자신이 바라는 안정적인 삶이 어떤 모습인지 깊이 고민하지 않고 살아간다. 튼튼한 몸과 외부 위협으로부터 자유로운 환경이 필요하다는 사실에는 이견이 없을 것이다. 우리는 안전하고 친절한 세상을 원한다. 깨끗한 공기, 건강한 음식, 비옥한 토양이 있는 아름다운 자연은 삶에 풍부함을 더한다. 또 우리는 타인과 관계를 맺고, 영양소를 섭취하고,

재산을 소유하면서 안정감을 키워나간다.

하지만 물리적 안정만으로는 부족하기에 우리는 실존적 안정, 또는 이념적 안정을 추구한다. 인생의 지침이 되는 철학이 있느냐를 뜻한다. 우리는 비슷한 교육을 받고, 비슷한 정치 성향을 지니고, 비슷한 사회경제적 계층에 속해 비슷한 가치관을 지닌 사람과 교류하며 이념적 안정을 찾는다. 또는 손택처럼 죽음에 저항함으로써 실존적 안정을 얻는 사람도 있다.

언젠가 벌써 환갑이 넘었으니 슬슬 건강을 챙기라는 아내의 조언을 듣고 병원을 찾아온 남자가 있었다. 남자는 건강하고 부유한 데다가 좋은 직장에 다녔는데, 몇십 년간 한 번도 병원을 찾은 적이 없다며 큰소리를 쳤다. 하지만 초진을 위해 가져온 서류에서 환자가 오랜 세월 애써 무시했던 심각한 문제 몇 가지가 발견됐다.

나는 남자의 병력을 꼼꼼히 확인하고 문제가 발생할 수 있는 부분을 하나하나 짚어가면서 그와 함께 건강 관리 계획을 세웠다. 남자는 내 의견에 순순히 동의하는 것 같았지만 다음 진료 약속을 잡고 후속 조치를 위해 몇 가지 검사를 진행하자고 하자 벌떡 일어나 역정을 내고 진료실에서 나가버렸다. "내가 지난 25년 동안 한 번도 아픈 적이 없었던 사람이야! 두 번 다시 병원에 오나 봐라!" 이후로 그를 본 적이 없다.

지금 생각해보면 남자는 자신이 병에 걸릴 만큼 나약하지 않다는 착각에 집착하고 있었다. 손택과 마찬가지로, 남자는 자신이 만든 물리적 안정과 이념적 안정의 틀에 갇혀 평온한 삶을 살았다. 그 틀 안에서는 건강에 문제가 생길 리가 없었다.

불안과 두려움

비바람이 몰아치면 우리는 집으로 몸을 피한다. 하지만 병이 찾아오면 피할 곳이 없다. 마치 몸이 나를 거부하며 억지로 내쫓는 기분이 든다. 뼈대가 약해지고, 정신이 흐려진다. 기력이 떨어지니 제대로 할 수 있는 일이 없다. 결국 지금껏 신중히 쌓아 올린 안정적인 요새가 무너지기 시작한다. 활동 반경이 좁아지면서 세상의 아름다움에 감사하는 마음이 사라진다.

(수전 손택의 은유를 빌리자면) 암을 '이겨내고' 생존한 시인 크리스천 와이먼이 이야기하길, 고통을 느끼는 사람은 '섬에 갇힌 것'과 같다. 와이먼은 이런 글을 썼다. "당신은 사라져가는 뼈대에 둘러싸여 사랑하는 이들이 조류에 휩쓸려 떠밀려가는 모습을 바라본다. 제아무리 당신을 사랑하고 우직하게 곁을 지키는 사람이라도 이 조류를 이길 수는 없다."[6]

질병은 몸을 힘들게 할 뿐 아니라 살면서 쌓아 올린 이념적 틀까지 무너뜨린다. 야망은 무모했고, 명예로운 직업은 거짓 구원이었다는 사실을 깨닫는다. 환자는 스스로 만든 환상에서 벗어나 망가

삶의 마지막까지, 눈이 부시게

저가는 몸에 갇혀 실존적 고립을 느끼며 당혹스러워한다.

질병의 섬은 난순히 인간의 유한성을 인식하는 공간이 아니다. 크리스천 와이먼은 단언했다. "죽음이 지척에 다가와 먹잇감을 사냥하듯 냄새를 맡고, 상상조차 해본 적 없던 고통이 뼈를 갈고, 아무리 애를 써도 떨쳐낼 수 없는 두려움이 척추를 관통하는 경험은 그 무엇과도 비교할 수 없다."[7] 병은 논리를 파괴한다. 병에 걸린 사람은 스스로에게 질문을 던진다. '내가 무슨 짓을 했기에 이런 병에 걸렸지? 어떻게 나한테 이런 일이 생길 수 있지?'

죽음은 물리적 안정과 이념적 안정을 앗아가고 두려움을 자극한다. 수전 손택이 "현대 사회에서 일어나는 영혼의 역행을 누구보다 단호하고 까다로운 시각에서 바라본 목격자"라고 묘사한 작가 시몬 베유는 이렇게 몸과 마음을 모두 피폐하게 만드는 고난을 대환大患이라 불렀다.[8] 수전 손택, 크리스천 와이먼이 그랬듯 베유 또한 몇 년간 큰 병을 앓았다. 베유가 남긴 글에서 그가 경험한 깊은 고통을 헤아릴 수 있다.

> 대환은 평등하다. 대환은 상대를 가리지 않고 영혼을 빼앗아 무생물과 같은 존재로 만든다. 대환은 냉정하다. 차별 없는 냉정함, 차가운 금속을 만졌을 때와 같은 냉정함은 모든 사람을 영혼 깊은 곳까지 얼려버린다. 대환의 냉정함에 영혼이 얼어붙은 사람은 절대 온기를 되찾지 못한다.[9]

질병은 주저 없이 생명을 뿌리 뽑고 그 자리에 공포를 심는다.

우리는 두려움을 덜기 위해 의사나 성직자, 사랑하는 사람에게 도움을 구하곤 한다. 복용하는 약에 부작용이 없다거나, 수술 예후가 좋다거나, 의사의 예상보다 몇 년을 더 살 수도 있다는 사실에 위안을 얻는다. 하지만 병이 재발하면 잠잠해진 줄 알았던 공포가 다시 엄습한다. 공포는 몰아치는 폭풍우에 밀려오는 파도처럼 우리를 집어삼킨다. 그렇게 우리는 차갑고 어두운 물에 빠져 허우적댄다.

배에 함께 타고 있던 승객은 선한 의도로 우리를 구하고자 최선을 다한다. 파도가 일렁이는 물에서 우리를 끌어올리고, 상처에 붕대를 감고, 따뜻한 옷으로 감싼다. 그렇게 두려움이 사라지는가 싶지만 잠시뿐이다. 머지않아 인간의 유한성을 일깨우는 폭풍우가 다시 몰려온다. 우리는 또다시 거친 비바람이 쉴 새 없이 뺨을 때리는 차가운 바다에 빠진다. 수면 아래로 얼굴이 가라앉지 않도록 끊임없이 발버둥 치며 파도를 헤치려 애쓴다. 목숨이 달린 외로운 싸움이다. 누구도 이 두려움을 대신 달랠 수는 없다. 공포를 누그러뜨리려고 속삭이는 의사, 성직자, 사랑하는 사람의 목소리는 거센 물살에 휩쓸려 사라진다. 어떻게 하면 이 극심한 공포와 외로운 투쟁에서 벗어날 수 있을까? 아르스모리엔디는 우리에게 어떤 이야기를 들려주고 있을까?.

삶 속에서 찾는 죽음

최초의 아르스 모리엔디는 죽어가는 사람이 마주하는 다섯 가지 유혹을 떨쳐내는 방법을 안내했다. 믿음으로 불신을, 희망으로 절망을, 인내로 조급함을, 겸손으로 오만을, 속세를 초월한 태도로 탐욕을 잠재우라는 의도였다. 하지만 15세기에 이를 소책자로 펼쳐낸 글쓴이는 죽음의 공포를 중요한 문제로 여기지 않았다. 어째서일까?

오늘날, 사람들은 죽음을 두려워한다. 당장에 떠오르는 환자만 수십이 넘는다. 고해성사를 하듯 죽음과 관련된 이야기를 늘어놓는 사람이 있는가 하면, 손택처럼 죽음이라는 단어를 입 밖에 내기조차 꺼리는 사람도 있다.

15세기 유럽인들 역시 죽음을 두려워했다. 미지에 대한 두려움과 소멸에 대한 두려움이 합쳐졌으니, 죽음을 향한 공포는 인류가 탄생한 순간부터 늘 우리 곁에 있었다. 하지만 오늘날과 비교했을 때, 중세를 살던 유럽인에게 죽음은 통제할 수 없는 운명이나 마찬가지였다. 의학의 놀라운 발전 덕분에 죽음으로부터 한층 더 멀어진 현대인과 달리 과거 유럽인에게 죽음은 일상에서 쉽게 만날 수 있는 사건이었으니 기왕이면 잘 죽을 수 있게 노력해야 했다.

여기에서 한 가지 짚고 넘어가자. 사회적 고위층, 특히 아르스 모리엔디 제작에 관여한 고위 종교인은 신을 진정으로 따르지 않는 사람만이 죽음을 두려워한다고 주장했지만 이것은 틀린 주장이다. 생전 경험하지 못한 사건으로 곧 생사가 뒤바뀔 상황 앞에 어떻게 조금의 동요도 없이 의연할 수 있겠는가? 주어진 운명을 향해 용감하게 나아가기보다 두려움을 숨기기에 급급하다 보니 이런 생각을 지닌 사람은 좋은 죽음을 맞이할 수 없었다.

우리는 죽음을 앞둔 사람이 어떤 공포를 느끼는지, 또 공포를 마주한 사람이 어떻게 두려움의 원인을 통제하려 하는지 확인했다. 죽음이 주는 두려움을 완화하려고 죽음과 맞서 싸우거나 일부러 목숨을 포기함으로써 죽음으로부터 달아난다. 하지만 결국 눈앞에 닥친 문제를 회피하기는 마찬가지다. 손택의 이야기는 치열한 투쟁이 두려움을 달래는 데 아무런 도움이 되지 않는다는 사실을 잘 보여준다. 또한 의사조력자살은 두려움을 느끼는 사람의 존재를 소멸시켜 공포를 없앨 뿐, 근본적인 해결책은 제시하지 않는다.

어떤 사람은 엘리자베스 퀴블러 로스가 말했던 '애도의 5단계'에 따라 일단 죽음을 수용하면 두려움을 극복할 수 있을 것이라 생각한다. 하지만 여기에는 두 가지 문제가 있다. 첫째, 모두가 퀴블러 로스의 주장대로 부정, 분노, 타협, 우울, 수용의 단계를 거치지는 않는다. 각 단계를 차례대로 밟아 죽음에 이르는 사람은 드물다. 둘째, 퀴블러 로스가 제시한 단계를 따른다고 해서 두려움이 사라지지는 않는다. 죽음이 주는 불안을 피해갈 수 있는 지름길은 없다.

삶의 마지막까지, 눈이 부시게

지금까지 책을 읽은 독자는 공포를 없애주는 마법의 약이나 주문이 없다는 사실에 실망했을지도 모른다. 하지만 알베르 카뮈의 『페스트』와 수전 손택의 일화는 중요한 교훈을 준다. 죽음을 입 밖에도 내지 않았던 손택은 결국 실존적 고립에서 벗어나지 못한 채 숨을 거뒀다. 반면 카뮈의 소설에 등장하는 영웅들은 페스트의 중심지로 당당히 걸어가 병든 사람을 돌보고 쥐를 퇴치하고 위생을 개선했다. 명예를 높이기 위함이 아니라 단지 도덕적으로 옳은 일을 할 뿐이었다. 이들은 언제 병에 걸려 죽을지 모른다는 두려움에도 불구하고 힘을 합쳐 가치 있는 일을 했다. 손택이 남긴 글을 인용하자면, "카뮈의 작품이 특별한 이유는 다른 종류의 아름다움, 즉 도덕적 아름다움을 수반하기 때문이다."[10]

지성의 여왕 수전 손택은 완전히 상반된 철학적 직관을 지닌 두 작가 시몬 베유와 알베르 카뮈를 높이 평가했다. 또한 명료한 표현이 돋보이는 글로 21세기를 대표하는 시인이라는 찬사를 듣는 크리스천 와이먼에게도 깊은 인상을 받았을 것이다. 와이먼은 병원에서 할머니의 임종을 지켰다. 죽음을 앞둔 할머니는 괴로워 보였고, 와이먼은 고통을 덜어주려 이런저런 질문을 던졌다.

> 나는 그리 기껍지 않은 마음으로 할머니에게 무섭냐고 물어봤다. 할머니는 안 그래도 부릅뜨고 있던 눈을 더욱 크게 뜨고 온몸을 덜덜 떨면서 호흡관이 끼워진 입술을 달싹여 힘

겹게 대답했다. 그래, 나는, 무섭다. 곧 닥칠 죽음이 두려운
지, 이때껏 겪은 고통을 더 겪어야 한다는 사실이 두려운지
정확히 알 수 없는 대답이었지만 나는 본능적으로 할머니가
죽음을 겁내고 있음을 알아챘다.[11]

와이먼은 할머니가 죽음을 두려워한 이유가 형편없는 마지막
을 맞이했기 때문은 아니라고 믿었다. 대신 40대에 장티푸스로 세
상을 떠난 시인 제라드 맨리 홉킨스가 남긴 마지막 말을 인용했다.
홉킨스는 "나는 행복하다. 나는 무척 행복하다. 나는 내 인생을 사
랑했다"라고 말했다. 와이먼은 이런 글을 썼다.

우리는 숨이 붙어있는 한 죽음 또한 희망적일 수 있으며, 사
랑하는 사람을 두고 떠나는 이별의 고통이 훗날 기쁨을 가
져다주지는 못하더라도 어떤 의미가 있다고 믿고 싶어 한
다. 종교는 잊어라. 무신론자조차 자신과 자신이 사랑하는
사람이 잘 죽기를 바란다. 이는 조용히 운명을 수용하고 완
전한 소멸에 이르는 것 이상을 의미한다.
무신론자든 유신론자든 잘 죽으려면 자신의 두려움과 슬픔
뿐 아니라 다른 사람의 삶에 남겨질 끔찍한 빈자리까지 받
아들여야 한다. 또한 잘 죽기 위해서는 죽음이 단순히 세상
을 떠나는 일이 아닌 세상에 살다 간 흔적을 남기는 행위임

삶의 마지막까지, 눈이 부시게

을 명심하고, 삶 속에서 죽음을 찾아야 한다. 신을 믿지 않는 사람이라도 예외는 없다. 사랑이 어떤 형태로든 삶을 이어줄 것이다.[12]

와이먼은 할머니 또한 자신이 떠난 후 남아있을 사람 생각에 겁이 났을 것이라고 이야기했다.

크리스천 와이먼은 두려움과 공포의 수용을 강조했지만, 그렇다고 죽음을 앞둔 사람이 마치 주어진 과제를 해치우듯 감정을 삼키길 바라지는 않았을 것이다. 오히려 와이먼은 죽어가는 이들이 수전 손택이 이야기한 도덕적 아름다움을 추구하길 응원한다. 사랑하는 사람과 함께 두려움과 슬픔을 똑바로 마주하며 자신이 남길 빈자리를 향해 용감하게 걸어가라고 등을 떠민다.

죽음으로 향하는 모든 과정이 순탄할까? 아니다. 계속 의문이 남을까? 그렇다. 밤에 잠자리에 들면 슬프고, 혼란스럽고, 화가 날까? 아마 그럴 것이다. 하지만 크리스천 와이먼은 삶에서 멀어지는 대신 삶 속에서 죽음을 찾으라고 조언했다. 우리는 와이먼의 조언이 지니는 의미를 알아내야 할 것이다.

몸은 스러져가도

잘 죽는 법을 다루는 책에서 육체의 고통을 이야기하는 데 한 장을 통째로 할애하다니 이상하다고 생각하는 독자도 있을 것이다. 사실 병들고 아픈 사람은 이 장을 읽을 필요가 없다. 이미 질병이 주는 고통을 잘 알고 있기 때문이다. 하지만 나머지 건강한 사람은 이 장을 읽으며 인간에게 주어진 생명이 유한함을 다시 한번 떠올릴 수 있을 것이다. 독자들이 육체적으로 고통받는 주변 이웃을 다시 한번 돌아보는 계기가 되길 바란다.

1518년 7월, 서유럽에 조금 이상한 전염병이 돌았다.[1] 오늘날 프랑스령에 해당하는 스트라스부르에서 트로페아Troffea 부인이라고 알려진 여인이 갑자기 거리로 나와 춤을 추기 시작했다. 트로페아 부인은 밤이 늦을 때까지 빙글빙글 돌고 펄쩍펄쩍 뛰며 춤을 추다

제6장 몸은 스러져가도

가 돌연 쓰러져버렸다. 그렇게 몇 시간 동안 죽은 듯 자다가 다시 일어나 춤을 췄다. 남편은 아내가 이상한 행동을 보이는 이유를 찾지 못한 채 황망히 쳐다볼 뿐이었다.

쉴 새 없이 춤을 춘 지 3일쯤 되자 트로페아 부인의 퉁퉁 부은 발에서 피가 흘렀다. 하지만 춤은 멈추지 않았다. 부인의 이해할 수 없는 춤사위를 구경하기 위해 구경꾼이 몰려들었다. 누가 뭐라고 수군대든 춤은 계속됐다. 사람들은 트로페아 부인이 천사나 악마의 계략으로 페스트에 감염된 것이 틀림없다며 머리를 맞대고 대책을 의논했다. 결국 악마의 소행이라는 결론이 내려졌고, 트로페아 부인이 신의 축복을 받아 병을 이겨낼 수 있도록 마차에 실어 보주산맥에 있는 성당으로 보냈다.

하지만 상황은 오히려 나빠졌다. 며칠 뒤, 30명에 이르는 마을 사람이 우르르 길거리로 나와 홀린 듯 춤을 췄다. 트로페아 부인이 그랬듯 멈출 기미는 보이지 않았다. 사람들은 마치 개인의 의지로 통제할 수 없는 강력한 무언가에 이끌린 것처럼 땀을 쏟으면서 정신없이 몸을 흔들었다. 먹지도, 마시지도 않고 쉴 새 없이 춤을 췄다. 광기는 전염됐다. 1주일 만에 스트라스부르 거리에서 춤을 추는 사람은 100명을 넘어섰다.

사건 초기에 시 당국은 이상 행위를 보이는 사람이 실컷 춤을 추게 내버려두면 저절로 사태가 해결될 것이라 생각했다. 그래서 길드 집회소를 예약하고 음악가와 무용수를 고용해 질서를 유지하려고 노력했다. 하지만 광기는 더 큰 광기를 불렀다. 곧 스트라스부르 관리는 폭동이나 다름없는 단체 춤사위를 장려하다간 돌이킬 수 없는 결과가 나올 것을 알아차렸다. 그달 말, 미친 듯이 춤을 추는 사람은 400명으로 늘었다. 몸이 견뎌내질 못하고 탈수, 심장마비, 뇌졸중, 탈진으로 쓰러지는 사람이 속출했다.

춤추다가 죽는 병

시 관리, 학자, 상인, 심지어 건축가까지 다양한 사람이 스트라스부르에서 일어난 황당한 사건을 기록했다. 이당시 실시간으로 상황을 묘사한 글이 있는가 하면 10년, 20년이 지난 후 과거를 되돌아보며 남긴 글도 있다. 다들 언젠가는 미스터리가 해결되길 바라는 마음으로 사건을 설명한 글을 인쇄했다.

이때만큼 상세한 기록이 남아있지는 않지만, 다른 시기에 다른 장소에서도 비슷한 현상이 관찰됐다. 단체로 무엇에 홀린 듯 춤을 췄다는 사건은 7세기에도 있었다. 1017년 독일과 1188년 웨일스의 어느 마을에서도 이 무도병이 돌았다고 한다. 1247년과 1278년 독일에서도 사람들이 정신없이 춤을 추는 사건이 일어났다. 1374년 라인강 줄기를 따라 전례 없이 심각한 무도병이 퍼졌다. 이후 2세기 동안 서유럽 곳곳에서 춤추는 전염병이 유행했다.

아직까지 원인이 무엇인지 정확히 알아내지는 못했지만 나름대로 이 현상을 설명하는 두 가지 가설이 있다. 먼저, 맥각 중독에 의해 무도병이 발생했다는 주장이다. 맥각은 클라비켑스 푸르푸레아Claviceps purpurea라는 곰팡이에서 자라는 세균으로, 주로 호밀 등 곡물에서 검출된다. 특히 추운 겨울이 지나고 습한 봄이 되면 감염되기 쉬운데 중세 서유럽 날씨가 세균 번식에 적합하지 않은 덕분에 확산 정도가 그리 심각하지는 않았다. 하지만 유독 춥고 습한 해에는 감염을 피하기 어려웠다. 당시 서유럽에서는 호밀빵을 주식으로 먹었기에 공동체 전체가 맥각에 중독될 수도 있었다.

맥각은 1938년에 합성된 환각제 LSD와 유사한 화학구조를 지닌다. 팔, 다리, 뇌의 모세혈관을 축소해 환각을 일으킨다. 맥각 호밀빵을 먹고 며칠이 지나면 메스꺼움, 구토, 설사와 더불어 온몸에 벌레가 기어 다니는 것 같은 증상이 나타난다. 그리고 의지와 관계없이 근육이 고통스럽게 수축한다. 이뿐 아니라 맥각에 중독된 사람은 청각 장애와 시각 장애를 경험한다. 중독은 대개 혈관 괴사 또는 경련을 동반한다.

혈관 괴사가 일어날 경우, 팔과 다리 혈관이 수축돼 혈액 순환에 문제가 생긴다. 발가락과 손가락 조직에서 시작한 괴사가 몸을 타고 올라오면 손과 발이 썩어서 떨어져나가는 끔찍한 부작용이 발생한다. 이뿐 아니라 충수에 혈류가 차단돼 귀와 코에 심각한 손상을 입히기도 한다.

1960년대에 실시된 의학 연구에 따르면 LSD를 사용하거나 맥각에 중독된 사람은 평소보다 주변 환경에 영향을 받기 쉽다. 스트라스부르시에서 '미련 없이 춤을 추도록' 음악가를 고용했지만 상황이 개선되기는커녕 악화된 이유가 여기에 있다.

반면 역사학자 존 월러는 무도병의 원인을 다르게 설명했다. 월러는 끔찍한 상황과 주변의 영향, 심오한 종교적 신념이 합쳐져 춤추는 전염병이 일어났다고 주장했다. 예를 들어 가장 규모가 큰 무도병은 선페스트가 유럽에 상륙한 지 20년이 지난 1374년에 발생했다. 월러는 '초자연적 분열'이 일종의 최면을 일으켜 환각상태에 빠진 사람들이 종교적 무아지경을 경험하며 느끼는 기쁨을 춤으로 표현했을 것이라 추측했다.

───────────────── 저주받은 빵

물론 이제는 정확한 원인을 알 길이 없다. 두 가설이 어떻게든 합의점을 찾을 가능성도 아예 없지는 않지만, 20세기 프랑스 남부에 자리한 작은 마을 퐁생테스프리에서 일어난 사건을 고려했을 때 아무래도 곰팡이 중독이 무도병을 일으켰을 확률이 더 높은 듯하다.

1951년 8월 16일, 한 제과점에서 빵을 사 먹은 사람들이 단체로 병에 걸렸다.[2] 빵을 먹고 몇 시간 뒤부터 이들은 복통, 메스꺼움, 구토, 설사에 시달렸다. 일부는 호흡곤란을 호소했다. 열과 오한이 뒤따랐다. 땀과 침이 비 오듯 흘렀다. 심박이 느려지고, 손발이 차가워졌다. 불면증 때문에 며칠 밤을 뜬눈으로 지새웠다. 배 속에 불덩이가 있는 것같이 뜨거웠다. 어지러워 몸을 가누기가 힘들었다. 온몸이 벌벌 떨렸다.

빵을 먹은 동물 또한 이상 증세를 보였다. 오리는 펭귄처럼 꼿꼿이 서서 날개를 퍼덕이며 걷다가 갑자기 죽었다. 개는 정신을 못차리고 펄쩍펄쩍 뛰고, 원을 그리며 뛰고, 이빨이 다 부러질 때까지 바위를 깨물다가 돌연 쓰러져 죽었다.

약 3,000명가량이 심각한 증상을 나타냈다. 불면증이 계속됐고, 환자는 몸을 기이하게 뒤틀며 경련했다. 시간이 지날수록 불안한 모습을 보였다. 잠시도 가만있지 못하고 움직이면서 알 수 없는 말을 중얼대는 사람도 있었다. 이들은 불길에 휩싸여 무시무시한 짐승과 싸우는 환각을 보고 헛소리를 지껄였다.

채 한 달이 지나기 전 프랑스 의사 몇 명이 『브리티시 메디컬 저널』에 증상을 설명하는 논문을 게재했다. 중증으로 분류된 환자는 다음과 같은 증상을 보였다.

이들에게는 몇 가지 공통점이 있었다. 대부분 동물 환각을 보고 자해 성향을 나타냈으며, 몇몇은 신비하고 섬뜩한 장

삶의 마지막까지, 눈이 부시게

면을 목격했다고 진술했다. 끔직한 환각 뒤에 일시적 기억 상실을 경험하는 환자도 있었다. 두 명은 두려움을 견디지 못하고 창문 밖으로 몸을 던졌다. 강한 자극을 가하면 잠시 착란 증상이 완화되는 듯했으나 환자를 진정시키려는 시도 때문에 오히려 증상은 악화했다.[3]

중증 환자 25명 중 4명이 사망했다. 수면 부족과 쉴 새 없는 움직임을 버텨내지 못하고 심장이 박동을 멈춘 탓이었다. 사망자 한 명의 발가락에서는 괴사가 발견되기도 했다.

『뉴욕타임스』 기사에 나와 있듯, 시간이 갈수록 환자의 행동은 더욱 기이해졌다. 정신착란 증상이 너무 심각해 감금되는 사람도 있었다.

> 노동자는 자신의 복부가 뱀에게 먹히고 있다며 익사를 시도했다. 60세 여성은 벽에 뛰어들어 갈비뼈 세 대가 부러졌다. 한 남성은 발을 통해 심장이 나오는 환각을 보고 의사에게 심장을 제자리에 돌려놔 달라고 애원했다. 수많은 환자가 강압복을 입은 채 현지 정신병원으로 이송됐다.[4]

고통을 호소하는 사람은 늘어갔고, 우리 몸과 마음이 질병 앞에 얼마나 무력한 것인지 두 눈으로 확인했다.

병을 치료하는 그림

이 극한의 고통을 수반하는 병이 맥각 중독을 통해 온다는 사실을 수백년간 아무도 몰랐다. 사람들은 3세기 기독교 수도사 성 안토니가 고통을 호소하는 귀족의 아들을 치유한 후로 그 수도사의 이름을 따 이 병을 '성 안토니의 불'이라고 불렀다. 이름에서 유추할 수 있듯 환자는 팔, 다리, 배에 불이 붙은 것처럼 뜨겁다며 괴로워했다. 맥각이 병의 원인이라는 사실은 17세기에야 비로소 밝혀졌다.

전해지는 이야기에 따르면 귀족은 아들을 치유해준 성 안토니에게 감사하는 의미로 프랑스 남서부에 성 안토니 수도원을 세웠다. 수도원은 성 안토니의 불, 선페스트를 비롯한 여러 질병을 치료하기 시작했다. 프랑스 전역에 병원을 설립하고 운영하던 성 안토니 수도원은 훗날 독일, 이탈리아, 스페인까지 활동 범위를 넓혔다. 전성기에는 병원 수가 무려 370여 개에 달했다.

이 책을 쓰기 시작한 지 얼마 안 됐을 무렵, 리네아 스프란시 Linnea Spransy라는 화가가 500년 전에 그려진 흥미로운 작품 하나를 소개해주었다. 성 안토니의 불에 희생된 환자에게 헌정하는 그림이었다. 스프란시는 유럽 현대 미술을 감상하는 여행을 떠났다가 마티아스 그뤼네발트Matthias Grunewald가 그린 유명한 제단화를 보기 위해 계획을 변경했다.[5]

여러 장의 패널에 그려진 그림은 프랑스 이젠하임에 있는 안토니우스 수도원 중앙 제단화로 그려졌지만 지금은 중세 도시 콜마르의 한 박물관에 보관돼있다. 이젠하임 목판화는 평범한 종교미술 작품이 아니다. 이 목판화는 성 안토니의 불에 감염된 채 십자가에 매달려 고통받는 예수의 모습을 그린다.

교회에서는 1,000년에 가까운 세월 동안 제단화를 이용해 실내를 꾸미고 교훈을 전달했다. 제단화는 대개 회화 또는 조각의 형태로, 가장 잘 보이는 곳에 걸려 신도의 헌신을 이끌어내고 신앙심을 고양한다. 하지만 이젠하임 제단화는 한 가지 기능을 더 지닌다. 안토니우스 수도원은 성 안토니의 불을 치료하기 위해 찾아온 사람들에게 제단화를 보라는 '처방'을 내렸다. 먼저 환자에게 신선한 빵과 와인, 성 안토니 유물에 담갔다 꺼낸 약초를 줬다. 그리고 환자를 이젠하임 교회 성가대석으로 데리고 가 그들과 같은 고통을 겪은 예수를 기리며 묵상하라고 일렀다. 환자는 제단화를 보며 예수가 자신의 고통을 이해하고 있음을 느꼈다.

미국의 소설가 프랑신 프로스Francine Prose는 이젠하임 제단화가 '인생의 전환점'이 됐다고 했다. 프로스는 "예술이 그토록 대단한 일을 한다고 믿었던 시절이 있었다니, 매우 놀랍다. 당시 사람들은 예술이 위로와 위안이라는 작은 기적을 일으킬 수 있다고 진정 믿었다"며 감탄했다.[6] 오스트리아에서 태어난 유대인 철학자 마르틴 부버Martin Buber는 이젠하임 제단화를 보고 몹시 감동받아 「제단The

Altar」이라는 에세이를 썼다.[7] 또, 프랑스 화가 앙리 마티스는 그뤼네발트의 제단화에 영감을 받아 베네치아 노트르담 드 로제르 성당을 설계했다.

19세기 프랑스 예술평론가 조리 카를 위스망스는 그뤼네발트의 작품을 두고 이런 글을 썼다.

> 세월이 느껴지는 운터린덴 수도원에 발을 들이는 그 순간, 여러분은 그뤼네발트의 예수를 맞닥뜨릴 것이다. 십자가에 매달린 예수는 악몽에 등장할 듯 무시무시한 형상으로 보는 이의 혼을 쏙 빼놓는다. 박물관 한가운데, 커다란 십자가에 못 박힌 예수가 남긴 끔찍한 공포와 제멋대로 날뛰는 예술의 폭풍이 선사하는 충격에서 벗어나 마음을 추스르는 데는 아마 꽤 긴 시간이 필요할 것이다.[8]

혼을 빼놓는다고? 예술의 폭풍이라고? 나는 직접 이젠하임 제단화를 보러 가기로 결심했다.

죽음을 치유하는 그림들

나는 운터린덴 박물관 개장 20분 전에 미리

도착해 문이 열리길 기다렸다. 이젠하임 제단화를 제대로 감상하려면 난체 여행객이 들이닥치기 전 아침 일찍 박물관에 들르는 편이 좋다는 조언을 들었기 때문이다.

생각에 생각이 꼬리를 물던 도중, 안내된 시간이 되자 문이 열렸다. 나는 곧장 매표소로 향했다. 채 1분도 안 돼 옛 수도원 정원에 난 회랑을 지나 경이로운 분위기가 감도는 성당에 들어섰다.

그리고 그 유명한 그림을 마주했다. 예수는 거대한 십자가에 매달려 괴로워하고 있었다. 어딜 보나 맥각에 중독된 것이 분명했다. 예수의 피부는 채찍질과 질병으로 상처투성이였다. 입술과 발가락은 파랗게 질렸고, 활짝 펼쳐진 앙상한 손가락 끄트머리는 기괴하게 뒤틀렸다. 아브라함 헤셸의 표현을 빌리자면 이젠하임 제단화는 위르겐 몰트만의 '가련한' 예수를 그리고 있다. 파토스, 즉 수난을 겪는 예수를 생생히 묘사한 것이다.[9]

왼쪽 패널에는 성 안토니의 불을 치유한다고 알려진 성 안토니가 그려져있었다. 오른쪽 패널에는 궁수와 선페스트 환자의 수호성인 성 세바스찬이 자리했다. 이젠하임 제단화는 그림을 감상하는 사람에게 이렇게 이야기한다. "그리스도 또한 페스트와 성 안토니의 불에 희생돼 너와 함께 고통받고 있다. 그리스도의 몸도 너의 몸과 똑같이 망가졌으니, 그는 너의 아픔을 이해한다. 너는 혼자가 아니다."

박물관에서는 교회력에 따라 이젠하임 제단화의 패널을 열고

이젠하임 제단화

닫아 다양한 모습으로 작품을 전시한다. 평소 박물관을 방문한 관람객은 십자가에 매달린 예수만 볼 수 있지만 시기를 맞춰 〈성 안토니를 괴롭히는 악마들〉이라는 그림을 감상하기 위해 특별히 박물관을 찾는 환자와 순례자도 적지 않다. 작품이 공개되는 날은 일년에 며칠 안 되기 때문에 때를 잘 맞춰야 한다. 자료 조사가 부족했던 탓에 나는 이 그림을 보지 못하고 집으로 돌아와야 했다.

전설에 따르면 성 안토니는 부유한 집안에서 태어났지만 가난한 이들에게 재산을 모두 나눠 주고 은둔자의 삶을 살았다고 한다. 성 안토니는 속세를 벗어나 신과 교감을 나누겠다는 목적을 지니고 사막으로 향했다. 어느 날, 악마가 나타나 편안하고 안락한 삶을 되찾아 쾌락을 좇으라며 성 안토니를 유혹했다. 악마의 유혹은 이겨냈지만 저주는 떨쳐낼 수 없었다. 성 안토니는 죽을 지경에 이르렀지만 다행히 친구에게 발견돼 정성스런 간호를 받고 건강을 회복했다. 하지만 고된 시련을 겪은 뒤에도 끝끝내 사막으로 돌아가 다시 한번 악마의 시련에 빠졌다. 마티아스 그뤼네발트는 다채로운 물감을 사용해 악마에게 농락당하는 성 안토니를 생생하게 묘사했다.

그뤼네발트의 그림 속에서 땅바닥에 내동댕이쳐진 성 안토니는 사방을 둘러싼 흉측한 짐승 무리에 공격당하고 있다. 손가락 없는 팔이 성 안토니의 머리카락을 움켜잡는다. 금색 팔과 날개가 달렸고 상어처럼 생긴 턱에 개와 비슷한 송곳니가 난 짐승의 것으로 보이는 뭉툭한 발이 가슴을 짓밟는다. 자그마한 뿔이 달린 악귀는 성 안토니가 입은 망토를 뜯어 먹는다. 개처럼 기다란 주둥이에 목 주변에 빽빽하게 난 깃털이 갈기처럼 보이는 유령, 초록색 날개와 뾰족한 뿔 한 쌍이 눈에 띄는 괴상한 짐승은 금방이라도 덤벼들 것처럼 성 안토니를 노려본다.

언제, 어디서 짐승이 공격해올지 예측할 수 없다. 성 안토니는 발톱, 턱, 날개, 무기에 둘러싸여 꼼짝없이 당하고만 있다. 이때 짐승 무리에 굴복했더라면 병들어 고통받는 이들의 수호성인이라는 칭호는 얻지 못했을 것이다.

그림을 보면 가장 먼저 악마에게 시선이 가고, 그다음 얼굴을 보

성 안토니를 괴롭히는 악마들

삶의 마지막까지, 눈이 부시게

호하려는 듯 팔을 들고 있는 성 안토니가 눈에 들어온다. 왼쪽 구석에는 사악한 짐승도, 인간도 아닌 무언가가 앉아있다. 이것은 웅크리고 앉아 잔뜩 찡그린 얼굴을 위로 쳐들고 다리를 양쪽으로 벌린 채 어둠을 향해 커다랗게 부푼 배를 내밀고 있다. 피부에는 성 안토니의 불로 인해 나타나는 반점이 가득하다. 발에는 갈퀴가 달렸고, 왼쪽 팔은 나무토막처럼 흉측하다. 위스망스는 이렇게 묘사했다.

> 이것이 뭐든 간에 한 가지만은 분명하다. 지금까지 어떤 화가도 이렇게까지 부패된 생물을 그린 적이 없고, 어떤 의학 교과서도 이토록 끔찍한 피부병을 설명한 적이 없다. 허옇게 긴 기름 군데군데 파란 곰팡이가 피고 잔뜩 곪은 채 종기와 부스럼으로 뒤덮인 비대한 몸은 괴저壞疽의 호산나요, 부패가 부르는 승리의 노래다![10]

이 불쌍한 생물체는 육체적 고통을 의인화한다. 병에 걸리면 몸은 흉측하게 변하기 마련이다.

위스망스가 이야기했듯, 이르든 늦든 우리 육체는 언젠가 부패한다. 선페스트든 무도병이든, 심장마비든 뇌졸중이든, 암이든 노화든, 우리는 모두 생의 마지막을 향해 천천히 나아가며 작은 죽음을 경험한다. 침침한 눈과 쑤시는 무릎을 통해 자신이 유한한 존재임을 깨닫고 서서히 마지막을 준비해야 할 필요를 느낀다.

육체가 쇠퇴하는 과정은 사람마다 다르다. 암에 걸려 힘겹게 치료를 받고 건강을 회복했다가 몇 년 후 암이 재발해 분노에 휩싸이는 사람이 있는가 하면, 당뇨나 심부전처럼 서서히 진행되는 질환에 걸리는 사람도 있다. 대부분은 건강이 악화되면서 입원과 퇴원을 반복하다 결국 병실에서 죽음을 맞이한다.

드물지만 암에 걸린 후 완치 판정을 받는다거나 심장마비가 왔지만 심폐소생술로 되살아나는 등 저승 문턱까지 갔다가 되돌아오는 사람도 있다. 우리는 건강하지 않은 습관을 버리고 주어진 시간을 헛되이 보내지 않겠다는 결심을 되풀이한다. 진짜 죽음을 맞닥뜨려본 사람은 이전과 완전히 다른 태도를 지닌다. 나머지는 점차 흐려지는 정신과 급성 폐렴 등 '노인의 친구'라 불리는 병을 앓으며 천천히 늙어간다. 어쨌든 우리 몸은 크고 작은 병을 앓으며 되돌릴 수 없는 변화를 경험한다.

내게 정기적으로 진료를 받는 할아버지 한 분은 성인이 된 이후로 줄곧 만성 질환에 시달리고 있다. 하지만 이분에게 병 자체는 큰 고민거리가 아니다. 할아버지는 관절염 때문에 자신이 '오늘내일하는 영감'처럼 느껴진다고 이야기했다. 70대 후반에 접어들면서 고통이 끊이질 않으니 운동은 고사하고 정원을 가꾸거나 카드 게임을 하기도 힘들다고 불평했다. 얼마 전, 할아버지는 이제 포기할 때가 된 것 같다며 체념하는 모습을 보였다.

병에 걸려 몸이 쇠약해지면 건강할 때처럼 일상적인 활동을 계속하기 어렵다. 심지어 어떤 사람은 온 우주가 자신이 병들어 죽길 바라는 것 같다고 표현했다. 이젠하임 제단화 오른쪽 아래 구석, 찌그러진 생물체 바로 건너편에 놓인 그루터기에는 성 안토니가 마침내 악마로부터 해방됐을 때 한 말이 적힌 양피지 조각이 붙어 있다. "그리스도시여, 어디에 계셨습니까, 오 선한 그리스도시여, 도대체 어디 계셨습니까? 왜 조금 더 일찍 찾아와 나를 돕고 상처를 치유해주지 않으셨습니까?"

현대 의학은 이미 심장이 멎은 사람을 되살릴 만큼 발전했지만, 이미 다가온 죽음을 언제까지나 피하게 하진 못한다. 우리 대부분은 '왜 조금 더 일찍 찾아와 나를 돕고 상처를 치유해주지 않으셨습니까?'라는 질문에 익숙하다. 망가져가는 몸은 우리를 슬프게 한다. 누구라도 예외는 없다. 병에 걸린 사람은 버려졌다는 슬픔 때문에 자신도 모르게 마음속 깊은 곳에서 울분을 토해낸다. 원망을 쏟아내는 대상은 신이 될 수도, 의사나 세상이 될 수도 있다. "왜 하필 나야? 왜 하필 이 병에 걸렸지? 누가 나를 치유해줄까?"

철학자 존 헤어John Hare는 병에 걸린 사람이 느끼는 완전한 박탈감과 육체적 고통을 연관 지어 이야기했다.

가슴 통증 때문에 병원에 누워 밤낮 할 것 없이 온몸에 주삿바늘이 꽂히는 상황에 처했다고 상상해보라. 제대로 된 음식을 먹은 게 언제인지 기억도 나지 않고, 주변에서는 고통과 괴로움에 몸부림치는 소리만 들린다. 내 의지대로 할 수 있는 일 하나 없어 그저 의료진의 지시에 따라야 한다. 죽음이 머지않았다는 생각이 머리를 떠나지 않는다. 치료라는 명목 아래 당신을 괴롭히는 사람들은 자신이 무엇을 하고 있는지도 모르는 눈치다.[11]

병에 걸린 사람은 박탈감과 소외감을 느낀다. 가족과 친구, 심지어 의사조차 아픈 사람에게 무엇을 해줘야 하는지 알 수 없어 환자의 몸에 남은 상처와 부풀어 오른 배를 모른 척 내버려둔다. 환자는 비참하게 앉아 힘없이 당할 뿐이다.

이젠하임 제단화는 쇠약한 인간의 신체를 묘사하고 있다. 붙어 터진 상처, 파랗게 질린 입술, 기괴하게 뒤틀리거나 괴사가 진행돼 떨어져 나간 팔다리는 나에게 깊은 인상을 남겼다. 그뤼네발트의 작품은 질병과 죽음이 개인과 공동체에 가하는 공포를 표현했다. 시간이 멈춘 그림 속 성 안토니는 영원히 고통에서 벗어날 수 없다. 제단화에 그려진 고뇌에 찬 얼굴은 보는 사람의 마음을 한없이 불편하게 한다. 결국 관람객은 괴로움에 몸부림치는 인물을 두고 발길을 돌린다. 그날 저녁 나는 고통스러운 그림을 뒤로 하고 운터린덴 박물관을 떠났다.

매일 저녁, 나는 병원을 나와 집으로 향한다. 나는 의사로 일하면서 병에 걸려 무너지는 환자를 수도 없이 목격했다. 병에 걸린 당사자는 몸을 옥죄는 비참한 고통에서 잠시도 벗어날 수 없다. 우리는 언젠가 경험하게 될지도 모르는 고통에 대비하는 한편 약하고 병든 이들과 동행할 방법을 찾아야 한다.

잃어버린 죽음의 기술

수도원에서는 선페스트와 무도병에 걸린 이들을 돌보는 데 이젠하임 제단화를 사용했다. 그림이 주는 안정과 위로, 유대감이 병자를 치유했다. 병에 걸린 이들은 그림 앞에 앉아 빵을 먹고 성스러운 포도주를 마시며 머나먼 과거에 일어났던 이야기를 마음 깊이 새겼다. 예수와 성인의 수난을 보며 육체의 유한함과 그에 따라 어떻게 영적 준비를 할지 성찰했고, 삶과 죽음의 신비를 경험하며 숭고함을 맛보았다.

오늘날에는 입장료를 지불한 관람객이 이젠하임 제단화의 모든 패널과 조각을 감상할 수 있도록 작품을 완전히 분해, 해체한 상태로 전시하고 있다. 제단화는 병원이나 교회가 아닌 최고급 박물관으로 개조한 수녀원 예배당에 보관 중이다. 병을 치료하기 위해 그림을 보러 오는 사람은 거의 없다. 한때 '죽음의 기술'로 여겨졌던 이 걸작은 더 이상 아무런 의미를 주지 않는다. 이제는 단순히 눈을 즐겁게 하는 '예술'로 남았을 뿐이다.

어떤 면에서 이젠하임 제단화와 환자의 몸은 비슷한 운명을 공유한다. 오늘날 병원에서는 환자의 신체를 장기臟器 단위로 분해하고 해체해 건강하고 권위 있는 전문의가 전공에 따라 각 장기를 나눠 관리한다. 삭막한 치료 과정에서 우리 삶을 풍요롭게 하는 이야기를 찾기는 힘들다. 의료진은 환자의 정신을 무시한 채 육체에만 초점을 맞추고 대중은 이를 묵인해왔다. 합리적이고 객관적으로 계량할 수 있는 수치를 개선하는 데 집중하다 보니 환자의 건강 상태에 영향을 미치는 모든 요소를 고려하겠다는 약속은 잊은 채 생물학과 화학, 절차에 따른 치료가 이루어진다. 수없이 많은 사람이 수전 손택처럼 환멸스러운 죽음을 맞이했다.

이젠하임 제단화가 입장료를 받아 작품을 관리하는 박물관에 소장된 덕분에 대중이 안전하게 보존된 그림을 감상할 수 있다고 이야기하는 사람도 많다. 틀린 말은 아니다. 하지만 한 가지 의문점이 남는다. 인간의 신체를 단순한 장기의 집합으로 취급하는 사회에서 의사가 환자를 제대로 돌볼 수 있을까? 또 우리는 서로를 제대로 돌볼 수 있을까? 절대 그렇지 않다. 우리 생각이 어떻든 삶에는 측정하고 평가할 수 있는 지표 이상의 무언가가 있다. 물질적인 기준만으로 삶을 재단할 수는 없다. 지난 수십 년간 의사와 작가들이 피해왔던 주제인 영혼에 대해 고민해볼 이유가 여기 있다.

삶의 마지막까지, 눈이 부시게

제7장

죽으면 모든 것이 끝날까

어느 늦은 밤, 간호사에게 호출이 왔다. 이디스 블래츨리라는 환자가 '비협조적'이라는 내용이었다. 병원에서는 거침없고 기가 세서 다루기 어려운 환자를 비협조적이라고 부른다. 블래츨리 할머니는 86살로, 노동자 가족의 첫째로 태어나 공장에서 일했다. 결혼은 하지 않았다. 일을 그만두고 싶지 않았기 때문이다. 할머니는 무척 독립적인 여성으로 엉덩이뼈가 부러지기 전까지는 쭉 혼자 삶을 꾸려왔다. 뼈가 부러지고 몸의 자유를 잃자 덜컥 겁이 났다. 하지만 정말 무서운 건 따로 있었다. 병실에 드리운 죽음의 그림자를 느낀 것이다. 실제로 엉덩이뼈 골절로 인한 사망률은 높은 편이다. 게다가 블래츨리 할머니는 합병증을 앓고 있었다.

병실에 들어서자 뼈만 남은 손가락으로 이불을 움켜쥐고 턱 밑까지 끌어올린 채 누워있는 할머니가 보였다. 이불이 얇은 탓에 앙상하게 말라 뻣뻣이 굳은 몸의 윤곽이 그대로 드러났다. 할머니는 죽음을 애써 외면하려는 듯 두 눈을 꼭 감고 있었다.

"안녕하세요, 할머니." 나는 어깨에 부드럽게 손을 올리며 속삭였다. "주치의 더그데일입니다. 괜찮으세요?"

할머니의 두 눈이 번쩍 뜨였다. 분노와 공포가 일렁였다. "나는 죽어가고 있다오." 목소리가 파르르 떨렸다. "죽은 다음에 나는 어떻게 되지? 내가 뭘 믿었더라?"

나는 할머니가 왜 그토록 격분했는지 알아내려 말을 걸었지만 할머니는 온몸에 퍼진 감염 때문에 제대로 된 대답을 할 수 없었다. 대화는 더 이상 이어지지 않았다. 블래츨리 할머니는 한 주도 채 지나기 전 사망했다. 그렇게 또 한 생명이 세상을 떠났다.

엉터리 종교

나는 대학교, 병원, 교회가 교차하는 삼거리에 살고 있다. 동료 의사 중에는 종교에 부정적인 사람이 많다. 종교의 모든 측면은 아니더라도 전통적인 형태에 관해서는 대개 그렇다. 요가와 명상은 괜찮지만 신학은 받아들이기 힘들어한다.

삶의 마지막까지, 눈이 부시게

어느 날, 동료 교수가 무심결에 "모든 종교는 엉터리"라는 말을 한 적이 있다. 니는 교수의 말보나 내 반응에 놀랐다. "그렇긴 하지만 병들어 죽어가는 사람을 돌보는 게 우리 일이잖아요. 죽음을 앞두고 종교에 의지하지 않는 사람은 굉장히 드물어요." 굉장히 드물다는 표현은 아무래도 과장이었던 것 같다. 적어도 대학 근처 뉴잉글랜드 마을에서는 그렇다. 하지만 실제로 죽음을 직면한 뒤에는 광범위하고 실존적 질문을 던지는 사람이 많아진다.

매년 정기 검진을 위해 병원을 방문하던 내 오랜 환자도 크게 다르지 않았다. 얼마 전 진료실을 찾은 그녀는 여느 때와 달리 혼란스러워 보였다. 나는 일단 평소와 같이 검진을 진행하기로 했다. "평소와 똑같이 정기 검진을 실시할 예정인데, 혹시 특별히 확인하고 싶은 부분이 있을까요?"

문장을 채 마치기도 전에 환자가 불쑥 말을 꺼냈다. "며칠 전이 내 70번째 생일이었소. 내가 일흔이라니! 문득 죽을 날이 얼마 남지 않았다는 생각이 들더군요. 그런데 내가 그 뒤에 어떻게 될지 알 수가 있어야지 내가 사후 세계를 믿었던가, 그랬던 것 같기도 하고. 잘 모르겠소."

70살 할머니는 나이치고 무척 정정했지만 70세에 도달하자 죽음이 머지않았다는 생각에 허겁지겁 자아 성찰에 나선 것이다. 환자는 검진이 끝날 때까지 실존적 질문을 던졌다. 이처럼 죽음은 삶의 의미를 찾게 만든다.

나는 의사로 일하는 동안 삶과 죽음의 의미와 목적을 고민하는 환자를 많이 만났다. 내가 여기 있는 이유는 뭘까? 삶의 의미는 무엇일까? 죽으면 어디로 갈까? 이런 질문은 인간의 존재에 대해 고찰한다는 점에서 실존적이라 할 수 있다. 하지만 미 동북부에 살면서 반쯤 세속화된 내 환자들을 비롯한 대부분의 미국인은 물론 수많은 타국 사람도 앞에서 예시로 든 질문을 종교와 연관 짓는다.

종교는 모든 가치를 뛰어넘어 인간의 경험에 일관적인 서사를 가능하게 하는 특정한 사고 체계를 제공한다. 흔히 신앙을 맹목적인 복종이라고 오해하는데, 이는 사실이 아니다. 오히려 신앙은 신성한 인물과 맺는 관계 또는 정해진 규칙을 따르겠다는 맹세에 가깝다. 종교는 공동의 약속을 실천함으로써 자신이 속한 세상을 더 깊이 이해하려는 노력이다.

40년 전, 사회학자들은 사회가 종교와 멀어지고 있다는 결론을 내렸다. 현대 사회의 발전이 이루어지며 서유럽이 세속화됐고 나머지 지역도 곧 서유럽을 따라갈 것이라는 전망이었다. 몇십 년이 지난 후, 가설은 틀렸음이 밝혀졌지만 지난 세대에 비해 미국 연안에 거주하는 미국인, 특히 백인 남성이 종교에 가지는 관심은 현저히 줄어든 것은 사실이다. 하지만 영적인 요소는 여전히 호기심을 자극한다. 다양한 이슈에 대한 여론을 객관적으로 조사하여 미국의 '팩트 탱크'로 불리는 퓨 리서치 센터Pew Research Center는 "미국인, 신앙심은 줄어든 반면 영혼에 대한 관심은 높아져"라는 기사 제목으로 현상을 요약했다.[1]

나는 죽어가는 환자를 돌보면서 이런 영적 관심이 '종교 다이어트', 즉 교리와 제약으로부터 벗어나 조금 더 가벼운 관점에서 세상을 이해하려는 시도임을 깨달았다. 세대별 특징을 살펴보면 현세대가 종교 다이어트를 매력적으로 느끼는 이유를 어렵지 않게 알 수 있다.

베이비붐 세대는 개인주의 사회 속에 자유로운 영혼을 타고났다.[2] 이들은 현재 각 집단 고위 관리직에 올라 지나치게 강압적인 규칙을 지양하는 '비권위적' 권위자가 되려 갖은 애를 쓴다. 베이비붐 세대의 자녀뻘인 X세대는 일과 휴식의 균형을 추구한다. 한창 커리어 개발에 열을 올리는 X세대는 베이비붐 세대보다 책임감 있게 행동하며 사회의 발전을 이끌고 아이들에게 더 나은 세상을 물려주기 위해 노력한다.[3]

마지막으로 밀레니엄 세대가 있다.[4] 이들은 아마 가장 현실적인 세대가 될 것이다. 2000년 이후에 태어난 밀레니엄 세대는 앞선 두 세대에 비해 종교와 영혼에 큰 관심이 없다.[5] 형식상 특정 종교에 속하더라도 마음 깊이 신앙을 키우기보다는 종교 다이어트를 선호할 가능성이 크다.

실존적 질문

세대교체가 이루어지고 종교를 향한 관심은 줄어들었지만 인간 존재에 관한 질문은 여전하다. 죽음이 가까워질수록 환자들이 느끼는 실존적 불안은 커진다. 앞서 살펴봤듯 과거에는 아르스 모리엔디가 이 문제에 관한 답을 찾는 데 도움을 줬다. 하지만 중세시대 죽음의 기술은 이제 힘을 잃었다. 영국의 신학자 N. T. 라이트가 이야기했듯, 죽어서 심판을 받고 지옥에 간다거나 환생한다는 등 사후 세계에 관한 전통적인 믿음이 "현대적 감수성에 맞지 않다"고 생각하는 사람이 대부분이다. 죽음 뒤에 일어나는 일에 대해서는 여러 가지 의견이 있다.

라이트는 서양의 유대교와 기독교 교리에 대항하는 이론 세 가지를 소개했다.[6] 첫 번째는 '완전한 소멸'이다. 이 이론에 따르면 사망 선고가 내려지는 순간 모든 것이 끝난다. 철학자 셸리 케이건은 죽음이 곧 소멸이라고 주장했다.

> 영혼은 없다. 인간은 기계와 같다. 물론, 이 기계는 그저 그런 낡고 평범한 종류가 아니라 대단한 수준을 자랑한다. … [하지만] 기계가 고장 나면 그걸로 끝이다. … 모든 기계는 언젠가 수명을 다한다. 전등이나 컴퓨터가 고장 나듯 인간의 몸 또한 수명을 다할 뿐, 여기에 다른 신비한 요소는 없다.[7]

완전한 소멸을 믿는 사람은 죽음 후에 아무것도 없다고 생각한다. 죽은 사람은 그저 흙으로 돌아갈 고장 난 기계일 뿐이다.

두 번째는 환생이다. 환생에도 여러 종류가 있다. 힌두교, 불교, 뉴에이지, 심지어 유대인이나 기독교인 중에도 환생을 믿는 사람이 있다. 이들은 생명을 가진 존재가 죽으면 다른 생명으로 다시 태어난다고 말한다. 정신분석과 자기계발 측면에서 환생을 바라보는 사람도 있다. 현생에 타고난 성격은 전생에서 이어졌거나 전생에 일어났던 일의 결과로 여겨진다. 죽은 사람의 영혼이 바람이나 나무에 흡수된다는 의견도 있다. 장례식에서 "고인은 여전히 우리 곁에 있다"라는 표현을 들어본 적이 있을 것이다. "고인이 우리 마음속에 살아 숨쉰다"라는 애도사 또한 여기에 해당된다.

망자의 혼이 자연에 깃든다는 믿음은 자연 종교와 불멸을 향한 미련에서 비롯됐다. 라이트는 다이애나 왕세자비가 사망한 후 런던에서 왕세자비의 필체로 적힌 쪽지가 발견됐다는 말을 한 적이 있다. 쪽지에는 이런 글이 적혀 있었다고 한다. "저는 여러분을 떠나지 않았습니다. 여전히 여러분과 함께 있어요. 햇빛 속에, 바람 안에, 심지어 내리는 빗줄기 사이에도 제가 있습니다. 저는 죽지 않았어요. 저는 여러분 모두의 곁에 남았습니다." 이런 믿음은 눈을 감은 지 얼마 안 된 고인을 떠나보내지 못하고 추억을 간직하려는 시도로 보인다.

세 번째는 영혼의 잔류다. 망자의 영혼이 남는다고 믿는 이들은 유령과 영적 접촉이 가능하다고 생각한다. 가장 대표적인 예시로는 흉가 체험이나 심령술을 들 수 있다. 미국 시인 제임스 메릴은 죽음을 앞두고 20년 동안 심령술을 통해 망자로부터 전해 받은 메시지를 기록한 서사시 〈샌도버의 변화하는 빛The Changing Light at Sandover〉을 발표해 문학상을 수상했다.

라이트가 주장하길, 사람은 대부분 어느 시점에 완전한 소멸이든, 환생이든, 유령과 영적 접촉이든 삶과 죽음을 받아들이는 태도를 하나 이상 갖는다. 이 단순한 세 가지 이론만으로는 삶과 죽음을 바라보는 관점을 모두 설명하기는 어려울 것이다. 죽은 후 어떻게 될 것인지 깊게 생각해보지 않은 사람도 있을 것이다.

영적이지만 종교적이지 않은

나는 의사로 근무하면서 블래즐리 할머니처럼 실존적 불안을 느끼는 환자를 종종 만났다. 문제는 명확한 실체가 없는 영성이 인간의 실존적 불안을 어느 정도까지 해소할 수 있는을까? 삶의 가장 큰 신비에 모호한 대답을 내놓는 것은 이미 괴사된 다리에 붕대를 감는 행위와 마찬가지라고 생각하는 사람도 있고 영성이야말로 실존적 우려를 해결할 열쇠라고 믿는 이들도 있다.

캐나다의 사회복지사이자 환경운동가였던 존 실즈 사례를 살펴보자.[8] 실즈는 봉사하는 삶을 살았다. 실즈는 한때 가톨릭교를 믿던 신도로 "지적, 영적, 개인적 자유"를 위해 헌신했으며 "늘 탐험하고, 성장했다". 그랬던 실즈는 죽음을 앞두고 마지막 몇 달 동안 환각 성분이 있는 약물로 여러 실험을 하거나 인간이 도달할 수 없는 초월적 영역에 관한 인터넷 강의를 수강했다.

실즈가 아밀로이드증이라는 불치병에 걸려 죽어갈 때 『뉴욕타임즈』에는 실즈가 안락사를 앞두고 가족, 친구와 함께 추억을 회상하는 파티를 열었다는 기사가 실렸다. 실즈의 아내는 남편의 시체를 이틀 동안 정원에 안치했다. 영혼이 미지의 세계로 여행을 떠나기 전 잠시 몸에 머문다고 믿었기 때문이다. 삶과 죽음을 자신만의 방식으로 받아들인 남자라는 별명을 얻은 존 실즈는 관습적인 의미에서 '종교'를 믿지 않았다.

종교는 중요하지 않다고 생각하는 사람이 점점 많아지고 있다. '영적이지만 종교적이지 않은spiritual but not religious', 즉 SBNR이라는 새로운 흐름을 따르는 사람은 종교가 없어도 영적 갈망을 충족할 수 있다고 믿는다. 종교학 교수 로버트 풀러는 『영적이지만 종교적이지 않은Spiritual but Not Religious』에서 전통적 종교를 믿지 않는 미국인이 수백만에 이른다고 이야기했다.[9] '교회와 관계없는' 영성은 '순전히 물질주의적 삶의 관점을 거부'할 수 있는 믿음과 관행을 제공한다. 풀러가 설명하길, 교인과 비교했을 때 '신앙 없이' 영성을 추구하는 사람은 신비주의와 초자연적 현상에 더 큰 관심을 가진다. 이들은 영성의 내적 원천에 초점을 맞추는 경향이 있으며, 자신의 믿음을 실험하고 필요에 따라 변화하는 데 거리낌이 없다.

심리학자 윌리엄 제임스에 따르면 SBNR을 추구하는 사람은 크게 두 가지 측면에서 세속적 비종교인과 구별된다.[10] 첫째, 그들은 우리가 사는 세계가 영적 우주 안에 속해 있다고 믿는다. 둘째, 영적 영역과 조화를 이루는 삶을 지향한다. 반면 세속적 비종교인은 우주에 영적 영역은 존재하지 않으며 오직 물질만이 우주를 구성하는 유일한 요소라고 생각한다.

하지만 종교를 가진 사람은 대개 SBNR에 부정적이다. 이들은 옥스포드 영어사전에서 정의하듯 '특정한 신앙과 숭배 체계'를 갖춘 종교만이 인간의 가장 심오한 실존적 고민에 제대로 된 답을 줄 수 있다고 주장한다.

『영적이지만 종교적이지 않은 태도만으로는 충분하지 않을 때 When "Spiritual but Not Religious" Is Not Enough』 작가 릴리안 대니얼이 대표적이다. 대니얼은 SBNR이 내세우는 세계관이 미국의 세속적 소비 문화의 산물로 공동체 정신을 훼손한다고 비판했다. 대니얼의 주장은 SBNR에서 의미를 찾는 사람들에게 불쾌감을 준다. 하지만 대니얼이 우려한 본질적 내용은 SBNR을 따르는 사람이 기존에 정립된 교리나 전통은 무시한 채 무엇이든 자신이 원하는 것을 믿고 아무 때나 자신이 바라는 대로 행동한다는 데 있다. 이들은 신

삶의 마지막까지, 눈이 부시게

을 믿는 게 아니라 신을 선택한다.

SBNR을 못마땅하게 여긴 릴리안 대니얼은 종교 공동체에 헌신하라는 해결책을 제시했다. 목사가 될 만큼 신앙이 깊었으니 놀랄 만한 일은 아니었다. 하지만 대니얼조차 차라리 교회와 얽히지 않는 편이 낫다고 생각할 때가 있을 정도로 기독교가 부패했다는 사실을 인정했다.[11] 다른 단체가 그렇듯, 기독교 단체 내부에도 무지하고 잔악한 이들이 섞여 있다. 종교 단체가 민심을 얻으려면 먼저 썩은 부분부터 도려내야 할 것이다.

릴리안 대니얼은 종교 공동체가 단순히 비슷한 사고방식을 지닌 사람들이 모여 신실한 척 기도나 올리는 모임이 아니라고 주장했다.[12] 대니얼이 이야기하길, 종교 공동체에 속한 구성원은 마치 가족처럼 "서로를 의지한다". 가족이 지나치게 화목하고 좋으면 쉬쉬해서는 안 될 결점과 단점까지 포용하는 안타까운 일이 벌어지기도 한다. 종교 단체도 다르지 않다. 대니얼은 이렇게 표현했다. "구성원 사이가 너무 가까운 공동체는 결국 인류애에 기반한 신을 지어낸다. … 이 인류애 때문에 공동체끼리의 결속은 심해지고 외부 사람들은 이 공동체를 꺼리게 된다."

21세기를 살아가는 사람들이 자신의 이익을 일부 포기해야만 하는 공동체에 자발적으로 헌신하다니, 쉽게 이해하기 힘들다. 또한 대니얼은 개인의 입맛에 맞게 재단한 영성에 대한 해결책으로 신앙을 제시했는데, 이 또한 이해하기 어렵다. 하지만 인류는 이

땅에 모습을 드러내자마자 종교를 만들었고 현대에 이르기까지 기나긴 세월 동안 믿음을 지켜 왔다.

사람들은 왜 종교를 믿는 걸까? 특정 신념이나 숭배 체계를 공유한다는 점을 제외하면 비슷한 구석을 찾기 어려운 타인과 공동체를 이루고 거기에 헌신하는 이유가 무엇일까? 대니얼을 비롯한 종교인 대부분은 아마 이렇게 대답할 것이다. 특정한 신념에는 개인과 공동체를 완전히 변화시키는 힘이 있다. 그리고 그런 변화는 삶과 죽음의 목적과 의미를 구하는 질문에 답을 줄 수 있다.

──────── 부활, 실존적 질문에 답하다

죽음은 누구도 피해갈 수 없는 사건이다. 대부분의 문화권에서는 죽은 사람이 다시 살아날 수 없다는 사실을 순순히 인정했다. 물론 죽은 후에 일어날 일에 관해서는 갖가지 의견이 있었다. 이원론을 주장한 플라톤과 그의 추종자는 죽음과 동시에 영혼이 신체를 떠난다고 믿었다. 고인의 영혼이 때때로 살아 있는 사람 앞에 모습을 드러낸다고 주장한 사람도 있었고, 영혼이 무덤 근처에 머문다고 생각한 사람도 있었다.

죽음 이후에 일어날 일을 두고 다양한 견해가 존재했지만 유대교와 기독교를 제외한 어떤 종교도 죽은 사람의 영혼이 죽기 전과 같이 회복된 신체로 돌아갈 것이라고는 믿지 않았다.

하버드대학교 유대학 교수 존 레빈슨Jon Levenson은 현대인의 관심에서 멀어진 '랍비 유대교의 핵심 신앙'에 큰 관심을 보였다.[13] 랍비 유대교는 부활을 믿었다. 이들은 역사의 끝이 다가오면 신이 죽은 이들을 되살려 온전한 육체를 갖춘 존재로 회복할 것임을 의심하지 않았다.

사두개파를 비롯한 일부 고대 후기 유대교 당파는 부활 사상을 거부했지만 죽은 사람이 회복된 육체를 되찾고 결국 생명을 회복할 것이라는 믿음은 유대교 신앙의 주축을 차지했다. 존 레빈슨에 따르면 부활은 랍비 유대교의 교리를 떠받치는 대들보로, 랍비 유대교에서 이야기하는 구원의 개념과 유대인의 특질을 강화한다.[14] 레빈슨은 이렇게 설명했다. "이스라엘 백성이 피와 살을 회복해 부활할 때 비로소 신의 약속이 실현되고 세상의 구원이 이루어진다."[15] 어떤 유대인도 이 교리를 가볍게 여기지 않았다. 유대인의 미래가 달려 있었기 때문이다.

기독교 또한 유대교에서 이야기하는 부활 개념을 이어받았다. 하지만 크게 다른 부분이 있다. 그뤼네발트의 제단화에 그려진 모습과 같이 예수가 십자가에 못 박혀 죽은 지 사흘째 되는 날, 추종자들은 예수가 죽음에서 되살아났다는 충격적인 소식을 세상에 전했다. 예수의 부활은 최후에 있을 일반적 부활 전에는 누구도 되살아날 수 없다는 오랜 가정을 뿌리째 뽑아버렸다.[16]

실제로 예수의 죽음과 부활이 세상에 알려진 뒤 부활을 바라보는 시선 자체가 완전히 달라졌다. 원래 부활은 어느 날 죽은 사람이 육체를 회복해 다시 살아날 것이라는 모호한 개념이었다. 하지만 예수의 부활 이후에는 낡은 물질에서 새로운 속성을 부여받은 새로운 몸이 창조될 것이라는 구체적인 주장으로 이어졌다.[17] 예수의 부활은 추종자들에게 죽음이 마지막이 아니라는 희망을 줬다.

블래츨리 할머니를 만나러 병원에 갔던 날 할머니는 이미 죽어가고 있었다. 할머니 또한 죽음을 직감했다. 병실에 누워있는 할머니는 자신에게 시간이 얼마 남지 않았음을 받아들이지 못하고 현실을 애써 부정하고 있었다. 간호사는 블래츨리 할머니가 사납고 비협조적이라 이야기했지만, 사실 할머니는 숨을 거두기 전까지 오래도록 자신을 괴롭혀왔던 실존적 질문에 답을 찾아 달라며 도움을 구하고 있었다.

많은 사람이 예상치 못하게 성큼 다가온 죽음을 선뜻 받아들이지 못한다. 어떻게 보면 블래츨리 할머니 사례는 죽음을 피하려는 우리 문화의 특징을 잘 보여준다. 나는 의사로 일하면서 죽음과 관련된 질문을 밀어내는 환자를 많이 만났다. 하지만 죽음의 의미를 찾는 질문을 피하는 것은 삶의 의미를 찾는 질문을 피하는 것과 같다. 그리고 생명의 유한함을 받아들이지 못하면 생의 무한함을 누릴 수 없다.

병실에 홀로 누워 앙상한 몸을 덮은 침대 시트를 움켜쥐고 평화

삶의 마지막까지, 눈이 부시게

와는 거리가 먼 죽음을 맞이한 이디스 블래츨리 할머니를 생각하면 그저 안타까울 뿐이다.

훼손된 샬롬 정신

블래츨리 할머니가 그랬듯, 우리는 성가신 질문을 회피한다. 왜 그럴까? 존 레빈슨은 부활을 향한 유대인의 태도에서 답을 찾았다. 레빈슨의 설명에 따르면 꽤 많은 유대인이 우세를 점한 기독교 문화와 차별성을 두기 위해 일부러 부활을 경시하는 전략을 취했다. 현대를 사는 유대인에게는 '외과 의사 신앙'이 필요하다는 주장이다.

대니얼은 서구의 세속화된 소비자 문화가 개인의 입맛에 맞춘 영성을 부추겼을 뿐 아니라 종교 공동체의 중요성을 폄하했다고 비난한다. 현대적인 삶의 방식은 질문에 대한 답을 찾는 데 도움을 주는 공동체의 집합을 방해한다.

존 레빈슨과 케빈 매디건이 이야기하길, 오늘날 서구 사회에는 죽음을 마주한 21세기 대중에게 위안이 될 만한 요소가 거의 남지 않았다.[18] 두 사람이 함께 쓴 책에는 이런 내용이 있다. "현대 서구 사회가 대개 그렇듯 개인의 자기결정력에 중점을 두면 죽음과 그에 따른 상실은 돌이킬 수 없는 비극으로 비추어질 수밖에 없다."

하지만 한 가지 조건을 덧붙였다. "물론 부활로 죽음을 돌이킬 수 있다면 죽음과 상실은 더 이상 비극으로 남지 않을 것이다." 부활만이 죽음이라는 재앙을 앞둔 사람에게 구원과 희망을 준다고 생각한 것이다. 반면, 오늘날에는 생체 의학이 죽음을 앞둔 사람에게 희망을 준다. 이제 의사는 치료사가 아닌 '공급자'다. 우리는 소비자로 병원을 찾아온 환자에게 알약을 처방하고 약물을 주입하며 죽음을 연기할 수 있다는 희망을 준다. 노화를 늦추고, 병을 치료하고, 죽음을 미루기 위해 갖은 노력을 한다. 그런 노력이 성과를 거둘 때도 있다. 하지만 터너 씨가 하룻밤 사이 세 번이나 심폐소생술을 받았지만 결국 사망했듯 우리가 아무리 애를 써도 모든 사람을 죽음에서 구할 수는 없다.

사람들은 나에게 왜 죽음에 관한 글을 쓰냐고 묻곤 한다. 나는 끔찍한 질병으로 가까운 친구와 가족을 떠나보낸 적이 있다. 모든 수단을 총동원해 죽음에 맞서 싸우는 환자를 수도 없이 보기도 했다. 이 경험이 중요한 계기가 된 것은 사실이다. 하지만 그보다는 현대 의학으로 해결할 수 없는 문제, 의사가 피하려고 하는 질문에 답을 찾고 싶다는 마음이 컸다. 쉬운 답은 없다. 그런에도 나는 환자에게 '함께 알아보자'고 제안한다. 왜인지는 몰라도 공포와 불안으로 물든 그 대화가 환자와의 관계를 바꾸었다. 나는 '서비스 공급자'가 되는 것을 그만뒀다. 죽어가는 그들에게 내가 무슨 서비스를 제공할 수 있단 말인가? 나는 무엇보다 환자의 안녕을 진심으로 바라는 의사이자 치료사로 돌아왔다.

몸이 무너지고, 공동체가 무너지고, 세상이 무너진다. 내 친구는 이를 '훼손된 샬롬 정신'이라고 불렀다. 히브리어로 '평화'라는 뜻을 지닌 샬롬shalom은 가장 온전하고, 조화롭고, 풍요로운 상태의 평화를 의미한다. 훼손된 샬롬은 단순히 배를 만들기 위한 노력이 아니라 온 사방에 구멍이 나 물이 새는 배가 가라앉지 않도록 갖은 애를 쓰는 행위와 같다. 복잡한 수술을 받고, 화학 요법의 부작용을 겪고, 길어지는 입원으로 좌절감이 커지는 가운데 어떻게든 생존하려는 노력이 모두 훼손된 샬롬이다.

내 목적은 훼손된 샬롬을 해결할 방법을 제시하는 것이 아니다. 다만 나는 블래츨리 할머니처럼 언제까지고 어려운 질문을 무시해서는 현명한 죽음을 맞이하기 어렵다는 사실을 알리고 싶을 뿐이다. 잘 죽고 싶다면 실존적 문제를 직면하고 답을 찾기 위해 고심해야 한다.

실존적 질문에 답을 찾아가는 형태는 참 다양하다. 앞서 봤듯 초월적 영역에 대한 온라인 강의에서 답을 찾는 사람이 있는가 하면, SBNR만으로는 충분하지 않다는 생각에 전통적 종교 공동체로 돌아가 오랜 신앙을 따르는 사람도 있다. 제5장에서 소개한 시인 크리스천 와이먼처럼 온갖 풍파를 다 겪은 후에야 자신의 신앙을 돌아보기도 한다.

와이먼은 젊은 시절의 자신을 "침울한 외로움과 끝없는 불안"과

싸웠던 "모순적 무신론자"라고 특징지었다.[19] 하지만 어느 순간 종교와는 근본적으로 다른 믿음을 발견했다. 와이먼은 주기적으로 예배에 참석하지만 여전히 종교와 종교 단체, "빌어먹을 교회 나부랭이"에 애증을 품고 있다. 하지만 믿음을 멈출 수는 없다. 와이먼은 이런 글을 남겼다.

> 이 세상에는 공허에 대한 끝없는 헌신만이 충족하게 하는 갈망이 있으며, 절대적이고 압도적인 경외만이 현대를 휩쓴 절망이라는 역병을 치료할 수 있다. 유대인 신학자 아브라함 요수아 헤셸Abraham Joshua Heschel은 이렇게 이야기했다. "주님, 저는 행복이 아닌 놀라움을 바랐나이다. 그리고 당신은 제게 놀라움을 주셨나이다."[20]

주님, 저는 행복이 아닌 놀라움을 바랐나이다. 그리고 당신은 제게 놀라움을 주셨나이다.

삶의 마지막까지, 눈이 부시게

사랑하는 사람을 잘 보내는 법

75세 리키 미첼은 평생 피우던 담배를 끊기로 마음먹기 전까지 폐 공기증(폐 안의 공기 공간의 크기가 정상보다 커지는 병—편집자) 악화로 입원과 퇴원을 수없이 반복했다. 폐가 너무 약해져 기도에 호흡관을 삽입하고 중환자실에 있는 인공호흡기를 부착한 지도 꽤 오래됐다. 자가 호흡이 힘들어 기계의 힘을 빌린 게 아마 예닐곱 번은 되는 것 같다. 입원을 거듭할 때마다 인공호흡기를 떼는 데 더 오랜 시간이 걸렸다.

지난번에 입원했을 때는 삽관이 가능한 시간을 다 채우고도 호흡이 돌아오지 않았다. 그대로 놔뒀다가는 목구멍 뒤편 후두에 상처가 날 수 있는 상황이었다. 의료진은 목에 구멍을 뚫어 인공호흡기를 연결하는 기관절개술을 추천했다. 그렇게 해도 자가 호흡이 가능할 만큼 폐 기능이 좋아진다는 확신은 없었지만 다른 선택의 여지가 없었다.

　미첼은 자기 처지가 마음에 들지 않았다. 목에 구멍을 뚫고 관을 넣어뒀으니 말을 할 수는 없었지만, 종이를 달라고 해서 이런 말을 휘갈겨 썼다. "기계에 매달려 사느니 차라리 죽겠다. 마음의 준비는 끝났다." 미첼 씨의 선언 직후 절개관을 제거하는 의식이 시작됐다.

생명유지장치 제거

　　　　　　죽음은 정서적, 실존적, 현실적 혼란을 가져온다. 죽음 앞에 갖춰야 하는 예의를 두고 여러 가지 의견이 있다. "죽음 덕분에 망자가 고통에서 해방됐다면 안도해도 괜찮을까? 장례가 진행되는 동안에는 얼마만큼의 행복이 용납될까?"

　아직 답을 찾지 못한 실존적 문제도 수없이 많다. 그 사람은 왜 그토록 고통받아야 했을까? 이렇게 급작스럽게 세상을 떠난 이유가 무엇일까?" 이뿐 아니라 죽음은 여러 가지 실용적 문제를 유발한다. "부검을 해야 할까? 장례식은 어디서 치를까? 어떤 관을 써야 좋을까? 화장火葬과 매장埋葬 중 무엇을 선택해야 할까? 장례식은 어떻게 진행할까? 손님은 얼마나 초대해야 할까? 장례식 꽃은 어디서 주문할까? 유산은 어떻게 처리할까? 고인의 항공사 마일리지를 양도할 수 있을까?"

이런 혼란 속에 의례儀禮가 등장했다. 의례는 우리 인생에서 가장 의미 있는 사건을 기념하는 규칙적이고, 전통적이고, 형식적인 행사로 칼럼니스트 데이비드 브룩스는 이를 "삶의 단계를 표시하고 정의하는 사회 양식"이라고 설명했다.[1] 오늘날 실시하는 의례는 과거보다 문화적 특징이 옅어졌지만, 의례는 여전히 죽음의 기술을 회복하는 데 중요한 역할을 한다.

일반적으로 의례는 신체와 영혼을 결속하기 위해 공동체의 참여를 유도한다. 성년, 졸업, 결혼을 비롯한 통과 의례는 삶의 단계를 나타낸다. 오랜 세월 수없이 많은 사람이 지나쳐간 의례를 보면 우리 삶을 완전히 뒤바꿀 변화를 맞이하게 하는 지침을 제시한다. 그리고 죽음과 관련된 의례는 사람의 몸이 싸늘히 식어 시체가 됐을 때 해야 할 일을 알려준다. 우리는 고인이 마지막 안식처에 무사히 도착할 수 있길 바라며 장례를 치른다.

이 시대에서 병원은 죽음을 둘러싼 고유한 의례를 몇 가지 만들어냈다. 나는 미첼 씨와 같이 너무 먼 길을 달려 왔다며 "이제 그만 코드를 뽑아달라"고 부탁한 환자를 여럿 봤다. 오늘날 병원에서는 인공호흡기를 비롯한 생명유지장치 제거가 일종의 의례가 되기도 한다.

'코드를 뽑는' 의례는 형식과 절차에 따라 진행된다. 미첼 씨의

제8장 사랑하는 사람을 잘 보내는 법

경우 보호자와 함께 의료팀장을 만나 정신이 또렷하다는 사실을 증명하고 요구사항을 다시 한번 확인했다. 미첼 씨는 절개관을 제거하면 사망에 이를 수도 있다는 사실은 잘 알고 있지만 그래도 인공호흡기를 떼고 싶다고 의사를 분명히 밝혔다.

담당 의사는 미첼 씨 가족에게 의사의 의견이 틀릴 때도 있다며 드물지만 인공호흡기를 제거하고 몇 년을 더 사는 환자도 있다고 알려줬다. 미첼 씨를 죽이려고 생명유지장치를 떼는 것도 아니고, 생명유지장치를 뗀다고 미첼 씨가 반드시 죽는 것도 아니었다. 하지만 인공호흡기가 없으면 호흡 곤란 증상이 나타날 가능성이 컸다. 의료진은 미첼 씨가 숨을 고르게 내쉬는 데 도움이 되는 모든 조치를 취하겠노라 약속했다. 미첼 씨 가족은 모든 질문에 만족스러운 답을 얻은 후 주변 사람에게 소식을 알렸다.

미첼 씨는 의례의 다음 단계로 넘어가 사랑하는 사람들에게 작별을 고하는 시간을 가졌다. 무거운 분위기 속에 미첼 씨의 가족과 친구는 천천히 중환자실로 줄지어 들어갔다. 꽃을 가져온 사람도 있었고 환자가 평소 좋아하던 사진이나 음악을 가져온 사람도 있었다. 하나같이 마지막으로 나누고 싶은 기념품을 손에 들고 있었다. 이들은 미첼 씨 침상 곁에 앉아 지난 일을 사과하고 사과를 받아들였다. 지난 이야기를 공유하고, 사진을 찍고, 노래를 불렀다. 기도문을 암송하기도 했다. 그렇게 사랑하는 사람을 떠나보낼 준비를 마친 뒤 의료진을 병실로 불렀다.

삶의 마지막까지, 눈이 부시게

의사는 병실에 들어와 앞으로 일어날 일을 차분히 설명했다. "소량의 모르핀을 투여해 호흡 곤란 증세를 완화할 예정이다. 의식이 사라지거나 정신이 흐려질 걱정은 하지 않아도 된다." 의사는 침대 밑에 모인 사람들에게 이전에 호흡관을 제거한 환자들이 모두 사망했음을 거듭 강조하고 미첼 씨 또한 호흡을 회복할 확률이 희박하다고 알렸다. 하지만 미첼 씨가 인공호흡기의 도움을 받지 않고 호흡을 재개할 가능성이 아예 없지는 않았다. 의사는 미첼 씨 가족에게 모르핀은 환자가 숨을 조금 더 편히 쉴 수 있게 도와줄 뿐, 목숨의 연장이나 단축에는 전혀 영향을 주지 않음을 설명했다. 호흡기를 뺀 후 의료진이 미첼 씨의 죽음을 부추기는 행위는 절대 없을 것이니 안심하라고 이야기했다.

모든 준비가 끝난 후, 간호사는 흡입기로 미첼 씨의 기도에 남아 있는 가래를 빨아들였다. 먼저 목 바깥쪽으로 호흡관을 고정시킨 끈을 풀고, 기관 내부에서 관의 위치를 유지하던 작은 풍선에 바람을 뺐다. 의사는 인공호흡기로 폐에 산소를 불어넣은 후 관을 뽑았다. 그리고 급작스러운 호흡 곤란 증세가 나타나지 않도록 산소마스크를 씌웠다.

인공호흡기 제거 의례를 지켜보던 사람들은 긴장감에 온몸이 딱딱하게 굳었다. 상황이 어떻게 흘러갈지 예측할 수 없었기 때문이다. 미첼 씨가 스스로 호흡을 회복할 수 있을까? 일반적으로 미첼 씨만큼 폐가 심하게 망가진 환자는 거의 사망했다.

미첼 씨가 힘겹게 숨을 몰아쉬자 옆에서 대기하고 있던 간호사가 모르핀을 소량 투여해 호흡 곤란으로 인한 고통을 덜었다. 안타깝지만 미첼 씨의 폐는 스스로 호흡을 해낼 힘이 없었다. 몇 분 뒤, 심박이 느려지고 호흡수가 점차 줄어들기 시작했다. 마침내 숨이 멎었다. 그렇게 미첼 씨는 사망했다.

그리고 의례는 다음 단계로 넘어갔다. 사망 선고였다. 아미트와 내가 터너 씨의 세 번째 심정지 이후 그랬듯, 의사는 미첼 씨의 눈에 펜라이트를 대고 동공 반사가 나타나는지 관찰했다. 불빛에 동공이 수축하지 않자 가슴에 청진기를 대고 심박과 호흡이 완전히 멈춘 것을 확인했다. 모든 절차를 마친 의사는 미첼 씨 아내를 비롯한 가족에게 애도를 표시하고 양해를 구한 후 사망 증명서를 작성했다. 그렇게 의례가 마무리됐다.

미첼 씨 가족은 한 시간이 넘도록 시신 곁에 앉아 슬퍼했다. 가족이 중환자실을 떠난 후, 간호사는 미첼 씨의 시신을 천으로 덮고 머리가 앞으로 향하도록 들것에 실어 영안실로 갔다. 장의사의 도움을 받아 장례 의식을 치를 때까지 시신은 영안실에 안치될 예정이었다.

미첼 씨가 숨을 거두자 아내는 장의사를 불렀고, 장의사는 방부 처리사를 불렀다. 미국 대부분의 주에서는 장의사가 고인의 마지막 가는 길을 정리하고 면허를 취득한 전문 시체 방부 처리사가 별도로 시신을 방부 처리하는데, 일부 주에서는 장의사가 직접 방부 처리를 하기도 한다. 미첼 씨의 시신은 병원 영안실에서 수습돼 다음 주에 있을 고인과의 대면, 장례식, 매장 절차를 위해 방부 처리됐다.

고인이나 고인의 가족이 방부 처리를 원하지 않을 경우 장의사는 화장을 추천했다. 화장률은 나라마다 편차가 크다.[2] 높은 매장 비용 때문에 화장을 선택하는 사람이 늘어나는 추세이긴 하지만 현재 미국의 화장률은 50퍼센트 내외에 머무르고 있다. 영국에서는 사망자의 약 75퍼센트가 화장된다. 일본의 화장률은 거의 100퍼센트에 이르는 반면 세르비아나 가나의 화장률은 10퍼센트에 채 못 미친다. 종교적, 문화적 관행이 화장을 결정하는 데 중요한 역할을 한다. 이슬람교와 천주교가 다수를 이루는 나라에서는 시신을 훼손하지 않는 매장이 일반적인 반면, 힌두교와 불교 국가에서는 화장을 선호한다.

---------- 시신 방부 처리

젠 파크 무스타치오는 뉴저지주에서 전문 장의사이자 방부 처리사로 일하고 있다. 『가디언』과 인터뷰를 할 당시 파크 무스타치오는 주로 시신 방부 처리 작업을 맡았다.[3] 고인의 친척이 장례식장에 연락을 하면 장의사가 파크 무스타치오에

게 방부 처리를 부탁했다. 파크 무스타치오의 일과는 그렇게 죽음과 함께 시작됐다.

인류는 수천 년 전부터 시신을 방부 처리해왔다. 고대 이집트인의 방부 처리 능력에 대해서는 다들 들어봤을 것이다. 얕은 무덤 깊이와 무시무시한 사막의 열기 덕분에 자연적 미라화를 위한 완벽한 조건이 갖추어진 것도 있지만 이집트인은 사후 세계에 무사히 도달하기 위해서는 반드시 시신을 방부 처리해야 한다고 믿었다. 이집트인은 방부 처리 과정에 통달했다. 오랜 세월이 흐르며 과정은 조금 변했을지 몰라도 결과는 변하지 않았다.

오늘날 방부 처리사는 정해진 의례에 따라 일을 처리한다. 파크 무스타치오는 '평범한' 죽음을 맞이한 사람의 시체를 방부 처리하는 과정을 자세히 설명했다.

먼저 작업복을 갖춰 입는다. 가운을 걸치고, 앞치마를 두르고, 장갑을 끼고, 신발에 커버를 씌우면 현대 방부 처리사의 복장이 완성된다. 다음으로 시신의 눈을 감기고 입을 다물게 하고 팔다리를 가지런히 모아 '모양새를 갖춘다.' 그리고 시신의 키와 무게에 맞춰 준비한 방부액을 주입하는데, 시신의 체내에 방부액이 흐르면서 정맥으로 혈액이 빠져나온다.

여기까지 처리를 끝내놓고 파크 무스타치오는 비눗물에 적신 스펀지로 시신의 몸을 정성껏 닦는다. 이렇게 시신을 닦으면 혈액을 제거하고 방부액을 고루 퍼뜨리는 데 도움이 된다. 체내에 주입된 방부액으로 시신의 혈색이 좋아지면 방부액 투여를 멈추고 더 강한 약물을 주입한다. 마지막으로 시신을 씻기고 옷을 입힌 뒤 얼굴 피부가 마르지 않도록 보습 크림을 바른다.

젠 파크 무스타치오는 자신이 하는 일에 성취감을 느낀다. 특히 어려운 작업을 생각보다 잘해냈을 때나 고인의 가족이 방부 처리된 시신을 보고 관을 열어둔 채 장례식을 진행하겠다는 결정을 내릴 때면 만족감이 더 크다고 이야기했다.[4] "뼈암으로 사망한 딸의 시신을 본 어머니에게 들은 칭찬만큼 뿌듯한 말이 없었어요. 어머니는 내 손을 잡더니 '감사합니다. 딸아이가 정말 아름다워요. 당장이라도 일어나서 춤을 출 것 같아요'라고 말씀하셨어요."

대부분 무스타치오를 비롯한 방부 처리사에게 고마움을 느낀다. 누구나 할 수 있는 일은 아니다. 하지만 사랑하는 사람의 시신을 정성스럽게 처리하는 일을 전혀 모르는 사람에게 전화 한 통으로 맡긴다는 사실이 이상하게 느껴지지 않는가?

애초에 시신을 방부 처리할 필요가 있을까? 꼭 필요한 절차일까? 장례 산업의 민낯을 폭로한 책 『미국이 죽음을 대하는 방식 The American Way of Death』으로 유명세를 얻은 제시카 미트퍼드는 미국과 캐나다를 제외하면 시신을 방부 처리하는 나라를 찾기 어렵다는 사실에 주목했다.[5] 미트퍼드가 이야기하길 어떤 종교나 법에서도 방부 처리를 요구하지 않으며 "건강이나 위생을 고려하더라도 시신을 군이 방부 처리할 필요가 없는 데다가, 개인적 만족을 추구하는 행위로 보기도 어렵다." 미국 몇몇 주에서는 시신을 방부 처리하지 않더라도 관을 연 채 장례식 진행이 가능하다는 법이 있지만 이를 아는 사람은 별로 없다.

시신 방부 처리는 미국 남북전쟁이 한창이던 1860년대에 대규모 사업으로 자리 잡았다. 전례 없이 많은 군인이 목숨을 잃었고, 군대에서는 전투 중 사망한 군인의 시신을 가족의 품으로 보내려 최대한 노력했다. 기차로 시신을 운반하는 데는 꽤 오랜 시간이 걸렸다. 온전한 상태로 고향에 시신을 보내기 위해서는 방부 처리가 필수였다. 에이브러햄 링컨 대통령은 시신 방부 처리를 옹호했다. 1862년, 11살 난 아들 윌리가 사망하자 링컨은 아들의 시신을 방부 처리했다. 그리고 3년 후 암살당한 링컨은 같은 방부 처리사에게 몸을 맡기는 신세가 됐다.

방부 처리를 하든 안 하든 죽은 이의 몸을 돌보는 사적인 의례를 흔쾌히 다른 사람 책임으로 돌리다니 이상하지 않은가? 전문 방부 처리사를 비롯한 많은 사람이 방부 처리에는 특별한 기술이 필요할 뿐 아니라 시신 앞에서 조금도 동요하지 않는 의연함을 갖춰야하기 때문에 누구나 할 수 있는 일이 아니라고 주장한다. 하지만 시신을 돌보는 직업이 생긴 건 그리 오래되지 않았다.

다양한 의례는 인생에서 큰 변화를 맞이하는 시기를 어떻게 보내야 할지 알려준다. 오랜 세월에 걸쳐 정교하게 의례가 발전해온 것도 이런 목적에서다. '타하라tahara'라는 유대교 의례가 대표적인

삶의 마지막까지, 눈이 부시게

예시를 제공한다. 물론 이를 현대에 그대로 적용할 수는 없지만, 나는 현대 의례가 어떤 가치를 잃어버렸는지, 또 어떻게 잃어버린 가치를 되찾을 수 있는지 이야기하고자 한다. 파크 무스타치오의 작업 방식과 타하라의 차이점을 고려하면서 다음 내용을 읽어주길 바란다.

유대인의 타하라 관습

유대교에서는 시신 방부 처리를 금하고 있지만 시신을 사망한 상태 그대로 매장하지는 않는다. 타하라는 매장에 앞서 시신을 준비하는 의례를 가리킨다.[6] 유대교에서는 출생과 성년, 결혼을 기념하는 의례를 진행할 때 무엇보다 존엄성을 중요하게 여긴다. 타하라 또한 예외는 아니다. 아기가 태어나면 출산 과정에서 묻은 찌꺼기를 씻어내듯, 고인을 땅에 묻기 전 시신을 정돈하고 '정화'하는 과정을 거친다.

타하라는 '헤브라 카디샤chevra kadisha', 즉 장례위원회에 의해 이루어진다. 헤브라 카디샤를 직역하면 '거룩한 단체'라는 의미로 유대인 공동체 내에서 자원자를 받아 특별한 훈련을 거쳐 조직된다. 남성 시신은 남성이, 여성 시신은 여성이 맡는다. 이렇게 성별을 기준으로 한 노동의 분업은 그리 놀랍지 않다. 실제로 근대 이전에 뿌리를 둔 문화적 관행 중에는 성별에 기초해 노동을 나누는 사례가 많다. 놀라운 부분은 따로 있다. 타하라를 실시하는 장례위원회는 시신에게 말을 건다. 전문성을 강조하며 일부러 거리를 두지도 않고, 시신의 신원을 숨기지도 않는다. 이들은 타하라를 시작하기 전 고인의 이름을 부르며 작업 도중 무심코 행할지도 모르는 실례에 미리 용서를 구한다.

헤브라 카디샤 구성원은 먼저 시신을 씻기는데, 마치 시신에 촉각이 남아 있는 것처럼 차가운 물이 아니라 따뜻한 물을 사용한다. 이들은 살아있는 사람을 대할 때처럼 손톱, 발톱, 귓구멍까지 세심하게 닦는다. 이때, 시신의 알몸이 드러나지 않도록 얇은 천을 덮어둔 채 씻기는 부위만 살짝 천을 걷어낸다.

파크 무스타치오와의 차이점은 이뿐만이 아니다. 헤브라 카디샤는 타하라를 실시하는 동안 유대인 공동체에서 일할 때 부르는 성스러운 사랑 노래를 부른다. 히브리어 아가雅歌의 일부인 친숙한 시를 빌려 남자는 남자에게, 여자는 여자에게 노래를 불러준다. "그의 머리는 순도 높은 금이라네. 구불구불한 머리카락은 까마귀처럼 새까맣지. 그의 눈은 샘물가에 내려앉은 비둘기 같아."

따뜻한 물로 고인을 씻기는 첫 번째 과정이 끝나면 차가운 물로 다시 한번 시신을 씻긴다. 마지막으로 천을 치우고 '미크바'라는 의례용 욕조에 시신을 담그거나 흐르는 차가운 물에 시신을 헹군다. 시신에 물기가 마르면 수의를 입혀 관에 넣는다. 관은 완전히 봉인돼 두 번 다시 열리지 않는다. 관 뚜껑을 열고 시신을 보는 행위가 고인의 존엄성을 해친다고 여기기 때문이다.

이디시 북 센터Yiddish Book Center의 캐서린 매드슨은 이 장례 의식이 "프로이트의 철학도, 텔레비전도, 죽음에 대한 거리낌도, 속세를 향한 욕심도 없는 시기"부터 존재했다고 말했다.[7] 당연히 죽음을 꺼리는 분위기가 형성되기도 전이었다. 이들은 시신을 씻길 때 시 구절을 노래하며 다른 방법으로는 나타내기 어려웠을 자유와 섬세함을 표현했다. 나는 근처에 사는 랍비 엘리아나 포크에게 타하라를 어떻게 묘사할 것인지 물어본 적이 있다. 엘리아나는 '사랑'이라는 한 단어로 타하라를 설명했다.

타하라 관습은 지역에 따라 조금씩 차이가 있으며 의례 순서를 엄격히 지키지 않는 지역도 있다. 하지만 많은 사람이 이를 바꾸기 위해 노력하고 있다.

캐서린 매드슨이 소속된 유대교 회당은 최근 타하라를 연구하기 시작했다. 그들은 헤브라 카디샤를 조직했다. 직접 시신을 정성껏 닦고 매장을 준비하는 과정에서 일부 구성원은 히브리어 아가 구절을 사용하는 예식이 "놀랍고 강력했다"라고 이야기한 반면, 일부는 "당황스럽고 시대에 뒤떨어졌다"라며 불편함을 표시했다. 하지만 시를 낭독하는 관습은 헤브라 카디샤 구성원이 죽음과 관련된 복잡하고 혼란스러운 감정을 표현하는 데 도움을 줬다. 매드슨은 이렇게 말했다.

타하라 의식을 실시하는 동안 시 구절을 낭독하지 않아도 우리는 여전히 애정을 느낄 수 있다. 애정 없이는 죽은 이를 상냥하게 대할 수 없다. 하지만 시가 없을 때 우리가 느끼는 애정은 불분명하기에 아마 일을 마치고 나오며 '굉장한 경험'이었다고 중얼거리는 데 그칠 것이다. 시가 있었기에, 유서 깊은 전통만큼이나 애정 또한 깊어졌고 우리는 죽은 이들을 온전히 받아들일 수 있었다. 우리는 죽은 자를 대신해 충만한 삶을 살 것이다.[8]

매드슨은 타하라가 오늘날 제안된 새 의례라면 결코 받아들여지지 않을 것이라 믿는다. 그의 말을 빌리자면 "동성애와 시체애호증이라 여기며 비웃는 사람이 적지 않을 것이다. 위원회 회의에서 한두 차례 뜨거운 논쟁 주제로 오를 수는 있겠지만 부적절하다는 결론이 내려져 조용히 안건에서 제외될 것"이다.

최근 유대인 공동체 구성원은 고대 의례의 현대화에 점점 더 큰 관심을 나타내고 있다. 실제로 유명 작가 아니타 디아망은 졸업, 이혼과 같은 인생의 큰 변화나 화학 요법, 외상 후 장애를 겪은 사람들의 새 출발을 기념할 수 있도록 보스턴에 미크바, 즉 의례용 욕조를 다시 들여왔다.[9] 북미 대륙의 반대편 서쪽 해안에서는 아비바 얼릭이 세이크리드 워터스Sacred Waters라는 단체를 설립해 가정이나 치료 시설에서 비전통적 유대인, 심지어 유대교 장례 의식을

삶의 마지막까지, 눈이 부시게

선택한 비유대인을 대상으로 맞춤형 타하라를 실시하고 있다.[10]

이 의례를 그대로 따라해야 한다고 주장하는 게 아니다. 유대인이든 유대인이 아니든, 종교를 믿든 말든 이런 의례는 고인의 시신을 어떻게 예우할지에 관해 우리 모두에게 질문을 던진다. 감사의 표시나 금전적 대가를 받지 않고 공동체 내에서 고인의 시신을 돌보는 것이 가능할까? 전문가의 손에 시신 처리 작업을 맡기면 뭔가를 놓치지는 않을까? 오랜 과거부터 이어진 전통은 의료화되고 세속화된 죽음의 과정에 어떤 의미를 부여할 수 있을까?

--------------------------------- 연극으로서 장례식

태초부터 망자를 다루는 데는 존중이 필요했다. 그들은 영원한 침묵으로 살아있는 사람의 마음을 사로잡았다. 1997년 다이애나 왕세자비가 사망하자 100만 명이 조문 행렬에 동참했고, 직접 찾아올 수 없어 텔레비전으로 장례식을 지켜보며 애도한 사람이 무려 250만 명에 달했다.

죽은 이는 조용한 경외를 불러일으킨다. 하지만 동시에 죽음은 살아남은 자들에게 무력감을 준다. 친구나 가족을 잃고 충격을 받아 판단력을 잃는 사람도 많다. 이렇듯 인간의 약한 부분을 파고드는 죽음 때문에 공동체가 흔들리지 않도록 아주 오랜 옛날부터 지

도자는 시신을 정돈하고 안치하는 의식에 관심을 쏟았다. '아르스 모리엔디'가 발전하게 된 이유 또한 이와 같다.

생의 마지막에 관한 글을 쓰기 전, 나는 장례 문화가 이토록 발달한 이유를 크게 생각해본 적이 없었다. B-17 폭격기 조종사였던 할아버지는 죽기 전에 미리 관, 영구차, 장의사, 묏자리를 챙겨둬야 한다는 말을 종종 했고, 나는 그 말을 듣고 자란 덕분에 죽음에도 여러 가지 준비가 필요하다는 생각을 하게 됐다. 언제부터였는지도 기억나지 않는 아주 어린 시절부터 할아버지는 늘 자신의 죽음에 대해 이야기했다. 심지어 죽음을 농담 소재로 삼을 때도 많았다. 전쟁은 죽음을 농담거리로 만들었다. 특히나 할아버지는 유머 감각이 뛰어났으니 죽음을 더욱 가볍게 입에 담곤 했다. 하지만 시간이 지나며 나는 관과 영구차만으로는 장례식을 치를 수 없음을 깨달았다.

장례식은 공동체 전체가 참여하는 연극과 같다. 연극적 요소 없이는 장례식을 완성할 수 없다. 장례식을 연극에 빗대다니, 무례하고 가식적이라고 생각하는 사람도 많을 것이다. 세계적인 연기 지도자 스텔라 애들러의 표현을 빌리자면 연극은 '천박하다'.[11] 연극을 단순한 오락으로 여기는 이런 관점에서 보면 연극은 청중의 감정을 이끌어내는 장치에 불과하다. 하지만 과연 그럴까?

연극과 극장을 의미하는 영어 단어 씨어터theater는 '관람을 위한 장소'라는 그리스어에 뿌리를 둔다. 스텔라 애들러는 씨어터가 '보는 장소'라고 이야기했다.[12] 애들러에게 극장은 삶과 사회의 진실을 발견하는 공간이었다. 희극은 웃음을 통해 진실을 탐구하지만 장례식은 엄숙한 메시지와 도덕적인 이야기를 담은 서사극에 가깝다. 토머스 롱은 장례식을 주제로 한 책에서 장례식은 오락거리도 단순한 영감의 원천도 아닌 "우리를 인간답게, 또 인간답지 않게 만드는 것들에 대한 깊은 성찰"이라고 설명했다. 장례식은 자신의 유한함을 '보는' 기회를 제공하기 때문이다.

앞서 우리는 죽음을 드라마처럼 꾸민 17세기 프랑스 총비 몽테스팡 부인의 사례를 살펴봤다. 몽테스팡 부인의 하인은 죽음의 과정을 함께하며 자신의 마지막을 미리 연습했다. 그리고 이것이 바로 연극으로서 장례식이 지니는 의미다. 토머스 롱은 장례식이 공동체를 위한 연극이자 공동체에 의한 연극이라고 이야기했다.[13] 장례식에 참석하는 모두가 각자의 역할을 연기한다. 롱은 이렇게 주장했다. "장례식의 목적은 단순히 관객에게 고양감을 주는 것이 아니라 배역을 맡은 사람의 변화를 이끌어내는 것이다."

어떻게 장례식이 배역을 맡은 사람의 변화를 이끌어낼 수 있을까? 토머스 롱은 '좋은' 장례식이라면 두 가지를 갖춰야 한다고 여긴다. 첫 번째는 장례식이 "가치 있는 진실"을 보여주는지에 있다. 두 번째는 장례식에 참여한 배우가 자신이 맡은 역할을 제대로 수행하고, 또 그 과정에서 "스스로 틀을 깨고 나와 위대한 진실"을 마주할 수 있는지에 달렸다.

두 가지 모두 보는 행위이며 또 보이는 것과 관련한 문제를 제기한다는 점에서 연극과 일맥상통하다. 실제로 토머스 롱은 스텔라 애들러의 말에서 힌트를 얻었다. 애들러는 배우 지망생에게 이렇게 조언했다. "여러분은 이제 소중한 경험을 혼자 간직하는 데 그쳐서는 안 됩니다. 자신에게만 몰두하는 대신 세상을 보고, 여러분이 본 세상을 관객과 공유하길 바랍니다." 애들러는 배우에게 주변을 살필 수 있는 역량을 갖추길 요구했다. 그리고 "대개 위대한 극작가의 아이디어는 가장 뛰어난 배우의 경험보다 더 광대하다"는 결론을 내렸다.[14]

그렇다면 우리는 장례식에서 무엇을 봐야 할까? 장례식장에서는 어떤 대단한 이야기가 펼쳐질까?

─────────── 두 영웅을 보내는 길

내가 이 장을 쓸 당시, 미국은 두 영웅을 잃었다. 2018년 8월 16일, '소울 여왕' 아레사 프랭클린이 췌장암으로 사망했고 이어 2018년 8월 25일 '장군' 존 매케인 상원의원이 뇌종양으로 세상을 떠났다. 가족과 친구는 물론 온 나라가 며칠 동안 두 사람의 삶을 되돌아보며 애도의 눈물을 흘렸지만 장례식은 24시간을 넘기지 않았다. 나는 여왕과 독불장군의 장례식이 어떤 종교적 메시지를 담고 있을지 궁금했다.

　이들 장례식은 기독교식으로 신행되었다. 기독교 장례식은 대부분 신도가 매주 예배를 드리는 교회 예배당에서 치러진다. 예배와 장례식의 차이점을 찾으라면 믿음을 가지고 모인 사람 가운데 한 명이 얼마 전 죽었다는 것뿐이다. 토머스 롱은 "이 성자는 죽었지만 여전히 신도들 곁에 있으며 잠시 몸에 돌아와 마지막 예배에 참석한다"라고 이야기했다.[15] 장례식은 사랑하는 사람을 떠나보낸 이들을 위로하는 자리라는 생각이 일반적이다. 하지만 롱은 장례식이 살아있는 사람과 죽은 사람 모두를 위한 행사라고 주장했다.

　롱의 의견에 따르면 장례식과 결혼식은 공동체 구성원이 모여 인생의 주요한 변화를 함께 맞이한다는 점에서 비슷하다. 신랑과 신부가 없는 결혼식에 하객을 초대할 수 없듯, 고인이 없는 장례식에 조문객을 초대할 수도 없다.

　고인의 시신이 교회에 도착하는 장면을 극적으로 연출하는 이유가 여기에 있다. 공동체 구성원이 다 모이면 운구를 맡은 사람들이 입구에 모습을 드러낸다. 이들은 관을 직접 메거나 들것에 싣고 중앙 통로를 따라 관을 운반한다.

　운구 행렬에 상징적 의미를 더하는 전통이 곁들여질 때도 있다. 성직자가 그리스도의 빛을 상징하는 십자가나 촛불을 들고 운구 행렬을 이끄는가 하면 관을 운구하는 동안 신부나 목사가 앞에 서서 부활과 기독교의 희망을 이야기하기도 한다. 시신이 통로를 지날 때 장례식에 참석한 신도는 기독교인이 공유하는 이야기, 즉 결국 죽음은 무력화되고 부활이 이루어질 것이라는 내용의 찬송가를 부른다.

운구 행렬은 마지막 예배를 위한 고인의 입장을 의미한다. 이런 이유로 평신도가 사망하면 살아있을 때 예배에 참여하기 위해 교회에 들어오던 것과 같이 발을 앞쪽으로 두고 관을 운구한다. 반면 사제가 사망하면 평소 예배를 주관할 때처럼 신도를 마주볼 수 있도록 머리를 앞쪽으로 두고 관을 운구한다.

지금까지 내가 참석한 장례식에서는 대부분 예배당 앞 중앙에 촛불과 평행하게 관을 배치했기 때문에 관을 이고 온 사람들은 통로 끝에 다다르면 왼쪽이나 오른쪽으로 힘겹게 몸을 틀고 관을 내려놓아야만 했다. 하지만 전통적으로 관을 놓는 장소는 예배당 앞 중앙이 아니었다. 장례식은 고인이 마지막으로 참석하는 예배를 상징한다. 따라서 고인이 누워 있는 관을 자리에 '앉히거나' 신도들이 앉은 기다란 의자 사이 통로에 내려놓아야 한다.[16]

실제로 사람들은 다양한 방식으로 장례식을 진행한다. 아레사 프랭클린의 관은 장례식이 시작하기 전 미리 디트로이트 그레이터 그레이스 템플 교회로 옮겨졌다. 프랭클린이 누운 관은 예배당 앞쪽 중앙, 신도석 첫 줄과 평행하게 배치됐다. 중앙 강단이 관 바로 뒤에 자리했다. 관 뚜껑이 열려 있어 영면에 든 소울 여왕의 모습이 대중에 공개됐다. 하지만 관이 놓인 위치나 뚜껑보다는 아레사 프랭클린이 마지막 예배를 위해 교회에 모인 가족, 친구와 같은 공간에 사리했다는 사실이 중요하다.

아레사 프랭클린의 장례식에서는 신도석 사이 중앙 통로로 관을 운구하는 극적인 장면은 연출되지 않았지만 조문객은 관에 누운 프랭클린의 곁을 지나며 마지막 경의를 표현했다. 실제로 장례식이 시작된 후 90분간 수백에 달하는 조문객이 고요히 줄지어 중앙 통로를 걸어 내려가 잠시 고인을 내려다보며 애도하는 엄숙한 광경이 이어졌다. 누군가는 고인의 귓가에 조용하게 몇 마디를 속삭였고, 누군가는 가슴 앞에 성호를 그었다. 훌륭한 연극이었다.

존 매케인 상원의원의 장례는 워싱턴 국립 대성당에서 치러졌다. 의장대가 관을 이고 중앙 통로를 지나 예배당 안쪽으로 들어갔다. 관은 중앙 통로 가운데 놓인 상여에 배치됐다. 신도석 앞, 제단 바로 밑이었다. 소울 여왕과 마찬가지로 장군 또한 따로 배정된 자리에서 마지막 예배에 참석했다.

—————————————— 애도와 위로 사이

랍비 엘리아나 포크가 이야기하길, 유대교에서 잘하는 일이 몇 가지 있는데 그중에서도 가장 잘하는 일이 죽음과 관련된 의례다. 그리고 지금까지 내가 본 바로는 랍비 포크의 말이 옳다.

탈무드에 등장하는 랍비는 애도의 단계를 수립했다. 이들은 시간이 흐르며 슬픔은 점차 사라지며, 따라서 죽음이 멀어질수록 유족에게 기대되는 의무와 반응이 달라진다고 설명했다. 가족이나 친구가 세상을 떠난 직후에는 모든 공동체 구성원이 애도하는 시간을 가진다. 1주일쯤 실컷 슬퍼했다면 이제 조금씩 일상을 회복한다.

유대인의 전통적인 애도 단계를 시간의 흐름에 따라 살펴보면 이해가 쉽다.

- 사망 직후부터 시신 매장까지 1일을 '아니누트aninut'라 한다.
- 매장 후 7일을 '시바shivah'라 한다.
- 매장 후 30일을 '셸로심sheloshim'이라 한다.
- 사망 1주기를 이디시어로 '얄자이트yahrzeit'라 한다.

각 단계는 충격에 빠지는 기간부터 공동체에게 충분한 위로와 지지를 받는 기간, 슬픔을 이겨내고 점차 예전의 삶을 되찾는 기간까지 자연스러운 진행을 나타낸다. 얄자이트로 12개월 동안의 애도를 마무리한다. 얄자이트가 지나면 유족은 더 이상 눈물을 흘리지 않는다.

오늘날 의사들 또한 사랑하는 사람을 잃고 '평소와 같은 삶'을 회복하기까지 꼬박 1년이 걸린다고 이야기한다. 유대인은 현대 심리학자가 연구 결과를 발표하기 훨씬 전부터 충분한 애도가 다친 마음을 치유하는 데 도움을 준다는 사실을 알고 있었다.

아픔을 덜고 질서를 회복하는 애도 단계 중 시바가 어떤 가르침을 주는지 자세히 살펴보도록 하자. 히브리어로 시바는 '일곱', 즉 시신을 매장한 후 7일을 의미한다. 어떤 사람은 이 기간을 '앉아있는 시바'라고 부른다. 낮은 의자나 바닥에 앉아 애도하는 관습 때문이다. 앉아서 애도하는 전통은 성경 욥기에서 비롯됐다. 욥이 가족과 재산을 모두 잃은 후, 욥의 친구들은 7일 밤낮을 바닥에 앉아 함께 슬퍼했다.

유족은 시바 기간에 해당하는 한 주 동안 어떤 일도 하지 않는다. 요리도 하지 않고, 외출도 하지 않는다. 이웃이 먹거리를 들고 집을 방문하면, 그 음식을 먹는다. 스스로가 아닌 떠난 사람을 돌아봐야 한다는 이유로 겉모습에 신경쓰지 않기 위해 이 기간 동안 거울을 덮어놓는 집안도 많다. 면도나 화장, 샤워를 삼가기도 한다. 아직 죽음이 남긴 깊은 상처가 깊어 유족은 무엇도 하지 않고 앉아 죽은 사람을 애도할 뿐이다. 시바를 보내는 가정을 방문한 조문객은 유족이 입을 열기 전 말을 꺼내서는 안 되며 유족의 지시에 따라 집을 떠나야 한다.

랍비 엘리아나 포크는 부모님을 잃고 나서야 시바가 얼마나 소중한 경험이 될 수 있는지 깨달았다고 했다. "매일 낮부터 밤까지 조문객이 조용히 집을 방문해 우리와 함께 바닥에 앉았습니다. 사랑하는 사람을 잃은 지 얼마 되지 않아 아픔이 너무 클 때는 위로의 말조차 실례라는 관습에 따라 때로는 말 한 마디 하지 않고 곁을 지켜줬어요."[17]

랍비 포크와 유족이 고인의 추억을 나누는 동안 묵묵히 이야기를 들어준 조문객도 있었다. 포크는 이렇게 이야기했다. "시바는 고인이 살아있는 동안 함께한 즐겁고 힘들었던 추억을 간직할 기회였어요." 매일 저녁 유대인 친구와 유대인이 아닌 친구, 친척, 이웃, 심지어 모르는 사람까지 집을 방문해 포크 가족과 더불어 기도를 올렸다. 이들은 존재만으로 유족에게 큰 힘이 됐다.

랍비 엘리아나 포크는 시바를 보내며 앞으로 나아갈 준비를 했다. "삶과 죽음이 함께 만들어내는 놀라운 통합의 힘은 치유와 회복에 대한 약속과 희망, 삶을 긍정하는 사랑으로 집을 가득 채웠습니다. 7일 동안의 시바가 끝나고 우리는 새로운 삶의 단계를 받아들일 준비가 됐음을 느꼈습니다."

나는 예상치 못하게 어머니를 잃은 친한 친구를 지켜보며 애도의 단계가 진행되는 과정을 다시 한번 곰곰이 생각했다. 친구에게 부고를 전해 들었을 때 나는 그녀가 이미 아니누트 단계에 접어들었다는 사실을 깨달았다. 어머니가 사망한 직후 친구는 슬픔에 잠긴 채 주변에 비보를 알리고 매장을 준비하는 등 유족의 의무를 다했다. 탈무드에서 이야기하는 애도 관행을 따르지 않았음에도 장

삶의 마지막까지, 눈이 부시게

례식 후 일주일 동안 어머니가 살던 집을 개방했다. 유족을 위로하기 위해 찾아온 친척과 친구의 발길이 끊이지 않았다. 몇 주가 지나며 상실로 인한 상처에 점차 새살이 차올랐고, 친구와 가족은 조금씩 일상으로 돌아갔다. 어머니가 사망하고 한 달쯤 뒤, 셸로심이 끝날 때쯤 되자 친구에게서 평소처럼 만나자는 연락이 왔다. 나는 친구가 슬픔에서 벗어나는 과정이 유대인의 애도 단계와 거의 정확히 일치한다는 사실에 무척 놀랐다.

유명한 영국 랍비 조너선 색스는 이 애도 단계가 과하지도, 모자라지도 않은 딱 적당한 슬픔을 목표로 한다고 이야기했다. 랍비 색스는 이런 글을 썼다.

우리는 지나친 애도 의례를 행하지 말라는 율법을 따른다. 사랑하는 가족의 죽음은 가슴이 찢어질 듯 아픈 경험이다. 마치 자신의 일부가 함께 죽은 것 같은 느낌이 든다. 죽음에 슬퍼하지 않는 것은 잘못이다. 사람이라면 슬픔을 느낄 수밖에 없다. 유대교는 죽음 앞에 금욕적 냉정함을 유지하라고 요구하지 않는다. 하지만 비탄에 잠겨 감정을 주체하지 못하는 것 또한 … 잘못이다.[18]

애도 단계는 사랑하는 사람을 잃고 충격과 혼란에 빠진 유족이 천천히 슬픔에서 벗어날 수 있도록 도와주는 길잡이 역할을 한다.

제8장 사랑하는 사람을 잘 보내는 법

공동체의 따뜻한 배려 속에서 유족은 마음껏 죽은 이를 추모한다. 그렇게 애도의 단계를 하나씩 거치며 점차 일상을 되찾는다.

오늘날 현대 병원에서 행하는 의례는 오랜 과거부터 이어진 전통 의식에 비해 깊이와 소속감이 부족하다. 리키 미첼의 생명유지 장치를 제거하는 의식 또한 크게 다르지 않았다. 인공호흡기를 떼고 시신을 방부 처리하기까지 과정은 의례의 성격을 띠고 있지만 지나치게 기술적이고, 절차적이고, 형식적이다. 현대 병원에서 이루어지는 의례는 분명 효율적이다. 하지만 효율은 유족에게 가치 있는 진실을 보여주지 않는다. 효율은 당사자의 의사와 관계없이 숨을 거둔 사람의 시신을 컨베이어 벨트에 올린다. 그리고 이 컨베이어 벨트는 너무나 빠르게 움직인다.

이 장에서 소개한 의례는 일부일 뿐이다. 세상에는 죽음과 관련된 수많은 문화와 관습이 존재한다. 하지만 앞서 이야기한 의례는 사랑하는 사람이 세상을 떠났을 때 시신을 어떻게 수습하고 돌보는 것이 가장 좋을지 다시 한번 고민하게 만든다. 타하라나 장례식, 애도 단계를 외면하기보다 더 자세히 탐구하고 좋은 것은 보존하기 위해 노력해야 한다. 그 과정에서 우리는 죽음이 불러일으키는 복잡한 감정에 언어와 구조를 부여하고, 매드슨이 이야기했듯 "죽은 이들을 온전히 받아들이고 … 죽은 자를 대신해 충만한 삶을 살 수 있다."

오늘날 우리는 '아르스 모리엔디'를 다시 활성화하는 방안을 찾

삶의 마지막까지, 눈이 부시게

고 있다. 의미 있는 의례를 되살리려는 노력 또한 죽음의 기술을
부활시키는 데 힘을 보탤 것이다.

제9장

좋은 삶이 좋은 죽음을 만든다

아무리 애를 써도 강연 시간에 만난 할아버지가 머릿속에서 떠나질 않았다. 그날 저녁 할아버지는 나와 이야기를 나누려고 꽤 오랜 시간을 기다렸다고 했다. 할아버지가 나이를 알려줬는지 기억이 정확히 나지는 않지만 아마 78살에서 82살쯤 됐던 것 같다. 은퇴한 의사였던 그분은 누구보다 죽음을 잘 이해했지만 당연히 죽음을 경험한 적은 없었다. 얼마 전, 죽음의 문턱에서 돌아오기 전까지는 그랬다.

할아버지는 차마 강단을 둘러싼 군중을 파고들지 못해 나에게 가만히 손짓을 했다. 내가 근처로 가자 할아버지는 이런저런 인사를 건너뛰고 곧장 본론으로 들어갔다. 몇 년 전, 심장절개수술을 받다가 심장이 멎어 죽었다가 살아났다는 이야기였다.

나는 할아버지가 하고 싶은 말을 눈치 채고 먼저 질문을 던졌다. "그때 뭘 보셨어요?"

나는 거의 죽을 뻔했다는 사람의 경험담을 많이 들었다. 따뜻하게 맞이해주는 하얀 빛이 쏟아졌다는 사람도 있었고, 오래전 사망한 친구나 가족이 마중을 나왔다는 사람도 있었다. 심장마비가 와서 쓰러졌던 여성 환자 한 명은 심장이 멎은 동안 영혼이 육체를 빠져나가 천장 근처에 떠오른 채 의료진이 심폐소생술을 실시하는 모습을 지켜봤다고 이야기했다.

할아버지는 대답을 하지 못하고 머뭇거렸다. 나는 다시 한번 물어봤다. "뭘 보셨어요?" 호기심과 조급함, 미처 식지 않은 강연의 열기 때문에 재촉하는 듯한 말투가 묻어났다.

"그게 문제라오. 난 아무것도 못 봤소." 할아버지가 대답했다. "정말 무엇도, 아무것도 없었소." 할아버지는 잠시 말을 멈췄다가 다시 입을 뗐다. "그래서 겁이 난다오."

나지막한 목소리와 기가 죽은 듯한 자세, 어쩔 줄 몰라 하는 표정이 할아버지의 심정을 고스란히 드러냈다. 할아버지는 겁에 질려 있었다. 나보다 두 배는 더 오래 산 것 같은 노인이 내게 어쩌면 좋을지 조언을 구하는 중이었다.

솔직히 말해 죽었다 살아났는데 아무것도 보지 못했다는 사람은 강연장에서 만난 할아버지 한 명뿐이었다. 신의 존재를 철저히 부정하는 사람조차 '무언가'를 봤다고 증언했다. 이들은 심장이 멎

삶의 마지막까지, 눈이 부시게

쳤을 때 뇌에서 일어나는 반응 때문에 헛것을 본 것이라는 과학적 설명을 믿었지만, 그래도 뭔가를 봤다는 사실만은 변하지 않는다. 그런데 할아버지는 아무것도 못 봤다고? 정말 아무것도? 나는 어떤 말도 해줄 수 없었다.

이제 내가 아무 대답도 하지 못하고 입을 다물었다. 나는 할아버지의 두려움을 덜어주고 싶은 마음에 이렇게 이야기했다. "글쎄요, 아직 가실 때가 안 돼서 아무것도 못 본 게 아닐까요. 이제 준비할 시간이 생기셨잖아요."

할아버지는 내 대답에 만족한 듯 후련한 얼굴로 돌아섰다.

────────────────── 아직 죽음을 준비하지 못한 사람들

아르스 모리엔디는 우리에게 잘 살아야 잘 죽을 수 있다는 교훈을 준다. 여기서 잘 산다는 표현은 매일 공동체 속에서 유한함을 인식한 채 사는 삶을 의미한다.

이런 점에서 강연장을 찾아 온 은퇴한 의사는 잘 살았다고 할 수 없다. 그분은 유한함을 생각하지 않은 채 살아왔기 때문이다. 게다가 죽음을 준비하기는커녕 예상하지도 못했다. 죽음의 의미와 목적을 찾으려 애쓰는 공동체에 속하지도 않았고, 그런 문제를 진지하게 고민해본 적이 없었다. 결국 할아버지는 잘 죽지 못할까 봐

두려워했다.

하지만 그날 밤 내가 할아버지에게 해준 말만큼은 사실이다. 지금 이 책을 들고 있는 모든 독자에게도 같은 말을 해주고 싶다. 여러분에게는 죽음을 준비할 시간이 있다. 그리고 무엇이든 준비는 이를수록 좋다.

잘 죽기 위해 잘 사는 인생은 어떤 모습일까? 지난 장에서 이를 설명하려고 노력했다. 그리고 마지막 장을 본격적으로 풀어내기에 앞서 다시 한번 중요한 내용을 정리해보려 한다.

나는 하룻밤 사이 심폐소생술을 세 번이나 경험한 터너 씨의 이야기로 책을 시작했다. 터너 씨는 신앙심이 깊고 소속감이 강한 사람이었으니 내면은 평화로울 것이라고 생각하기 쉽다. 하지만 터너 씨 가족은 현실적인 시선으로 죽음을 바라보지 못했다. 결국 평화와는 거리가 먼 죽음을 병원에서 맞이했다. 내가 제1장에서 언급했듯 아르스 모리엔디, 즉 '죽음의 기술'을 다룬 소책자는 죽음을 받아들일 준비가 되지 않은 사람들에게 도움을 주기 위해 편찬됐다. 그리고 이 소책자는 현대인에게도 도움이 될 만한 내용을 다루고 있다.

제2장에서는 인간의 유한성을 숙고하면서 죽음의 기술을 한층 더 깊이 탐구했다. 잘 죽고 싶다면 먼저 언젠가 죽을 수밖에 없다는 사실을 인정해야 한다. 하지만 유한성에 대한 인정은 필요조건일 뿐 충분조건이 아니다. 그래서 제3장에서는 공동체에 소속된

삶과 죽음의 중요성을 알리는 사례를 소개하고, 제4장에서 병원에서 맞이하는 죽음의 장난섬을 이야기했다. 불가피한 상황이 아니라면 병원보다는 편안한 집에서 마지막 시간을 보내는 편이 낫지 않겠는가?

제5장부터 제8장까지는 죽음에 대한 두려움, 육체의 부패, 죽음 이후의 세계, 의례의 역할을 논했다. 많은 의사가 기피하는 질문이지만 언제까지고 미룰 수는 없다. 죽음의 기술을 배우기 위해서는 먼저 삶의 기술을 배워야 한다. 불편한 주제를 끝까지 외면한 채 좋은 죽음을 맞이하기는 힘들다.

나는 생의 마지막 순간에 도달하기 전 지금까지 이야기한 주제를 모두 고민해보는 사람이 드물다는 사실에 충격받았다. 그래서 마지막 장에서는 잘 죽기 위해 잘 사는 방법을 실용적이고 간결하게 요약하기로 마음먹었다. 이 장이 여러분의 아르스 모리엔디가 되길 바란다.

앞으로 이야기할 내용은 세 가지 가정에 근거한다. 첫째, 아르스 모리엔디는 죽음을 예상하고 준비하는 데 유용한 예시를 제공한다. 둘째, 잘 죽기 위해서는 먼저 스스로 유한한 존재임을 인정해야 한다. 셋째, 고립된 상태에서는 좋은 죽음을 맞이할 수 없으니 마지막 가는 길을 기꺼이 함께해줄 공동체가 필요하다. 이 세 가지 가정을 받아들이기 어려운 독자가 있다면 책장을 넘겨 제1장, 제2장, 제3장을 다시 읽어보길 추천한다.

꼭 입원을 해야 할까?

병실 회진을 하다 보면 밤에 잠을 제대로 못 잔다는 항의를 종종 듣는다. 잠에 들려나 싶으면 혈압을 확인한다고 찾아오고, 아직 해도 안 뜬 이른 시간에 피를 뽑아간다. 다른 환자가 내는 소음에 뜬눈으로 밤을 지새울 때도 있다. 환자가 불만을 토로하면 병원은 아픈 사람이 있을 만한 곳이 아니라며 분위기를 전환한다. 농담처럼 한 말이지만 진심이다. 환자 또한 이해한다는 듯 킥킥댄다.

병원이 아픈 사람이나 죽어가는 사람이 있을 만한 장소가 아니라면 도대체 누구를 위해 존재한단 말인가? 나는 병원이 '급성 질환자'를 위한 기관이라고 생각한다. 응급실이 중요한 역할을 한다는 데 반대하는 사람은 없을 것이다. 병원 말고 다른 곳에서 복잡하고 어려운 수술을 할 수 있다고 생각하는 사람도 없을 것이다. 병원에서 병세가 깊은 환자를 돌보는 데 중환자실이 꼭 필요하다는 의견에는 두말 할 것도 없다. 하지만 크게 아프지 않은 사람이나 죽어가는 게 분명한 사람이 꼭 입원할 필요가 있을까?

오늘날 사람이 죽는 방식은 대개 셋 중 하나다. 어떤 사람은 평생 건강을 유지하다가 노년에 들어 점차 정신이 흐려지고 기력이 쇠하면서 자연스럽게 죽음을 맞이한다. 아무 문제없이 살다가 심장마비나 치료가 어려운 암 등 심각한 병에 걸려 급작스럽게 건강이 악화돼 세상을 떠나는 사람도 있다. 마지막으로 울혈성 심부전(심장의 혈액 펌프 기능이 저하된 상태—편집자)이나 폐 공기증과 만성 기관지염을 동반한 만성 폐쇄형 폐질환처럼 장기부전으로 인해 결국 죽음에 이르는 환자를 꼽을 수 있다. 이렇게 장기부전을 앓는 사람은 증세가 악화됨에 따라 입원과 퇴원을 반복하는데, 몸이 약해질수록 병원을 찾는 빈도는 늘어난다.

첫 번째, 두 번째에 해당하는 사람은 삶의 대부분을 병원 밖에서 보내다가 건강이 심각하게 나빠지거나 암세포가 전이되면 그때 병원을 찾는다. 하지만 장기부전 환자는 다르다. 최악의 경우 이들은 수십 년 동안 입원과 퇴원을 되풀이한다. 병이 진행될수록 퇴원 후 다시 입원하기까지 걸리는 기간이 짧아지고, 결국 장기부전 환자는 병원을 떠나지 못하는 신세가 된다. 그리고 제1장에서 살펴봤듯 이들은 의료업계가 만들어 놓은 컨베이어 벨트에 올라 기계적으로 온갖 치료를 받는다.

문제는 '입원치료를 포기하기에 적당한 시기가 언제인가'이다. 몇 살쯤 되면 이만하면 충분하다고 생각하고 마음을 접을 수 있을까? 나는 수 년간 많은 환자와 함께 이 문제를 고민해왔다. 80대에 들어서면 병원을 찾기 전 입원이 올바른 선택인지 다시 한번 생각해보고, 90대가 되면 어떻게든 입원을 피해야 한다는 고정관념이 있었다. 하지만 우리 주변에는 현역으로 근무하며 매주 테니스를 치는 정정한 88세 노인도 있고, 아직 78살밖에 안 됐지만 혼자서는 거동조차 할 수 없어 24시간 요양보호사를 고용하는 사람도 있다. 나이만으로 입원 시기를 판단하기에는 고려해야 될 사항이 너무 많다.

수술이나 약물치료를 받았을 때 긍정적인 예후를 보일 가능성을 기준으로 치료를 판단하는 환자가 점점 많아지고 있다. 괜히 치료를 시도했다가 오히려 건강이 나빠지거나 목숨을 잃을 수 있다고 판단되면 입원을 권하지 않는다. 우리는 사소한 스트레스 요인에도 쉽게 건강이 악화되는 사람을 쇠약하다고 일컫는다. 예를 들어 건강한 노인에게는 요로 감염이 소변을 볼 때 약간의 통증과 가벼운 두통을 일으키는 가벼운 질병일 뿐이지만 쇠약한 노인에게는 광범위한 감염과 섬망을 유발할 수 있다. 쇠약하다는 표현을 직관적으로 이해하기는 어렵지 않지만 쇠약함을 어떻게 정의할 수 있을까? 쇠약함을 입원의 판단 근거로 사용하려면 먼저 그 기준을 명확히 세워야 한다.

쇠약함의 정도를 측정하는 방법은 여러 가지가 있지만 미국에서는 노인학자 린다 프리드가 동료와 함께 개발한 평가 기준을 가장 보편적으로 사용하고 있다.[2] 평가는 다섯 가지로 이루어진다. 나이가 65세 이상이거나 아래의 5가지 기준 중 3가지 이상을 충족하는 경우 '쇠약한 그룹'으로 분류된다.

- 지난 한 해 동안 체중 감량 의도 없이 5킬로그램 이상 몸무게가 감

삶의 마지막까지, 눈이 부시게

소했다.

- 이유 모를 피로감을 느낀다.
- 악력계로 계측한 악력이 기준치에 도달하지 못한다.
- 6~7걸음을 걷는 데 15초 이상 걸릴 만큼 걸음이 느리다.
- 신체 활동이 줄었다.

묵직한 커피 잔을 못 들거나 늘 가던 산책을 그만둔다면 악력이 떨어지고 신체 활동이 줄었음을 어렵지 않게 눈치챌 수 있다. 살이 빠져 헐렁해진 옷이나 부쩍 길어진 낮잠 시간도 할아버지가 예전 같지 않음을 보여준다. 이런 일상적인 변화가 쇠약함의 기준이 된다. 여러분이 65번째 생일을 지났거나 위에 이야기한 증상 중 3가지 이상을 경험했다면 여러분 또한 쇠약해졌을 확률이 높다.

연구 결과에 따르면 몸을 쇠약하게 만드는 요소는 노화 외에도 다양하다. 지적 장애, 우울증, 흡연, 낮은 교육적 성취도 쇠약 가능성을 키운다. 미국의 경우 다른 인종에 비해 아프리카계 미국인과 히스패닉이 이 그룹에 속할 확률이 높게 나타났다.

프리드는 5,000명이 넘는 노인 인구를 대상으로 조사를 실시했다. 약 7퍼센트가 쇠약 그룹에 속했다. 또 다른 연구에서는 고령 암 환자의 40퍼센트 이상이 쇠약하다는 결과가 나왔다.[3] 쇠약 그룹으로 분류되지만 않았지만 5가지 기준 중 1~2개를 충족해 '위험군'에 속한 사람도 많았다.

통계 자체보다는 통계가 무엇을 의미하는지가 더 중요하다. 신체가 쇠약한 사람일수록 사소한 질병에도 건강을 회복하지 못할 가능성이 크다. 큰 수술이나 장기 입원은 더욱 위험하다. 하루만 침대에 누워 움직이지 않으면 근육량은 엄청나게 감소한다. 때문에 며칠밖에 안 되는 짧은 입원이라도 노인에게는 심각한 후유증을 남길 수 있다.

하지만 병원에 더 오래 머물고 싶다는 노인 환자가 흔하다. 퇴원해서 집으로 돌아갔다가 건강이 악화돼 다시 입원해야 하는 상황을 피하고 싶은 마음 때문이다. 실제로 건강을 거의 회복했지만 퇴원을 연기하려는 환자를 많이 봤다. "의사 양반, 부탁하오. 며칠만 더 있게 해주시오."

하지만 입원이 길어지면 좋을 게 없다. 병원에 오래 머무를수록 컨디션이 망가지고 근력이 떨어지는 데다가 각종 병균에 감염될 위험이 커진다. 운이 나쁘면 감염에 의한 합병증으로 사망할 수도 있다.

예일대학교 소속 내과 의사는 직접 몸을 씻고, 용변을 보고, 옷을 입고, 산책을 하고, 식사를 하는 등 가볍고 일상적인 활동을 유지하는 노인에 비해 길어진 입원생활로 신체능력 저하와 영양실조, 치매를 겪는 노령 환자가 병원에서 사망할 확률이 높다는 사실을 발견했다.[4] 입원이 늘 건강을 개선하지는 않는다.

나는 환자에게 이런 이야기를 해준다. 90살, 100살을 넘긴 노령 환자 중 이 이야기를 듣고도 계속 입원하겠다고 고집을 부린 사람은 아직까지 한 명도 없다. 입원의 위험을 감수하기에 그들은 너무 쇠약하다. 심지어 나는 노인 환자가 병원을 방문했다가 다른 병균에 노출될까 봐 전화로 그들을 진료할 때도 있다.

가족과도 비슷한 대화를 나눈다. 내 할아버지와 할머니는 80대 후반에 노인 복지 시설에 입소했는데, 할아버지는 건강이 나빠지면서 요양원으로 방을 옮겼다. 할아버지는 주기적으로 복통이나 어지럼증을 호소했고 요양원 직원은 매번 검사를 위해 할아버지를 데리고 응급실로 향했다.

할아버지가 90대 초반에 접어들었을 때 우리 가족은 더 이상 변비와 현기증 때문에 할아버지를 응급실에 보내지는 않겠다고 결정했다. 그렇게 자주 응급실을 찾았지만 할아버지의 농담을 들어줄 사람을 만났을 뿐, 병세에는 차도가 없었다. 할아버지는 돌이킬 수 없을 만큼 쇠약해졌고, 이 세상에는 노화를 되돌릴 만한 기적 같은 치료법은 존재하지 않는다.

가족이나 친구, 자신의 치료나 입원을 결정할 때는 환자의 몸이 처치를 감당할 수 있을지를 고려해 현명한 판단을 내려야 한다. 불필요한 치료나 입원은 피하는 편이 옳다. 무분별한 치료에 매달리는 행위는 오히려 환자의 존엄성을 해칠 수 있다. 하지만 무엇이 필요하고, 또 무엇이 불필요한지는 어떻게 판단할 수 있을까?

몇 년 전, 나는 전이성 암으로 친구 베스를 잃었다. 친구에게는 아직 부모를 필요로 하는 아이들이 있었다. 우리 공동체에 비슷한 또래의 아이를 둔 부부가 많았기에 더욱 마음이 아팠다. 우리는 베스가 암 진단을 받고, 치료를 버티고, 재활을 하는 과정을 곁에서 줄곧 지켜봤다. 죽음은 베스를 너무 일찍 찾아왔다. 자비 없이 젊은 생명의 삶을 거두어가는 잔인한 죽음은 남은 이들에게 깊은 상처를 남겼다.

내가 베스의 주치의는 아니었지만 그녀는 때때로 나한테 의학적 조언을 구했다. 친구에게 도움을 줄 수 있다는 사실이 나에게는 위로가 됐다. 나는 가능한 한 베스의 상태 변화를 자세히 관찰하려고 노력했다. 어느 금요일 밤, 베스의 남편에게서 전화가 왔다. 그는 아내가 곧 죽을 것 같다고 했다.

"이제 시간이 다 된 것 같아요. 암세포가 폐까지 침범했어요. 간이 정상 크기의 세 배로 커졌는데 그 중 3분의 2가 암세포랍니다. 그런데 종양전문의는 아내가 죽어간다는 말을 해주지 않더군요." 그는 아내의 피부가 황달 때문에 완전히 노랗게 변했다고 이야기했다. 베스도 스스로가 죽음을 향하고 있음을 느꼈다.

남편의 말대로 죽음이 머지않은 것 같았다. 나는 다음 날 아침 일찍 출근해 환자를 둘러본 뒤 최대한 빨리 베스의 병실에 들르겠다고 약속했다. 내가 베스의 병실 앞에 도착했을 때, 마침 종양전문의가 보여 임상 상황에 대해 논의하고 있었다. 나는 의사인 것과 환자와의 관계를 밝히고 논의 내용을 들어도 괜찮을지 양해를 구했다. 다행히 허락을 받았다.

대화는 금방 끝났다. 베스의 남편이 이야기를 급히 마무리 지은 탓이다. 병실 앞에 모인 모든 사람이 베스가 죽어가고 있다는 사실을 알고 있었다. 안타깝지만 더 이상 병원에서 해줄 수 있는 일이 없었다. 나는 병실에 들어가기 전 종양학과 교수를 따로 불러 언질을 줬다. "환자가 죽어가고 있다는 걸 남편이 알고 있어요. 어젯밤 저랑 통화하면서 그런 말을 했거든요. 친구가 집으로 돌아가서 마지막으로 아이들이랑 시간을 보낼 수 있게 퇴원시켜주셨으면 합니다." 교수도 내 의견에 동의했다.

교수와 의논을 마치고 병실에 들어갔을 때, 나는 베스의 생명력이 정말 얼마 남지 않았다는 사실에 충격을 받았다. 앙상하게 뼈만 남아 온몸이 노랗게 뜬 베스는 머리를 가누고 눈을 뜨는 것조차 힘에 부칠 만큼 허약해졌다. 타고난 성격이 워낙 다정했던 친구는 마지막 남은 힘을 쥐어짜 병실을 찾은 손님을 맞이하는 듯 보였다. 베스는 기어코 몸을 일으켜 따뜻한 인사를 건넨 후 다시 베개에 몸을 기댔다.

종양학과 교수는 침대 곁에 앉아 각종 검사 결과와 활력 징후를 검토했다. 베스는 가만히 교수의 이야기에 귀를 기울였다. 교수는 암세포가 베스의 간을 갉아먹고 있으며, 온몸이 황달로 노랗게 뜬 이유 또한 암세포 때문이라고 설명했다.

"그런데…." 교수는 잠시 말을 멈췄다. 젊은 부부에게 환자가 죽어가고 있다는 사실을 어떻게 알릴지를 기다렸다. 베스와 남편은 이미 죽음을 받아들일 마음의 준비가 돼 있었다.

"그런데…." 마침내 교수가 다시 입을 열었다. "시도해볼 만한 치료가 한 가지 남았어요. 화학 요법 약입니다. 집에서도 복용 가능해요. 이론적으로는 어느 정도 차도가 나타날 수도 있습니다."

나는 예상치 못한 발언에 당황해서 말문이 막혔다. 이 세상에 존재하는 어떤 이론을 적용해도 내 친구가 죽어가고 있다는 명백한 사실을 바꿀 수는 없었다. 베스의 간은 미처 손쓸 새도 없이 급격하게 나빠지고 있었다. 성공 확률이 얼마나 희박하든 정말로 병을 치료할 방법이 있었다면 베스는 아이들을 위해서라도 치료를 선택했을 것이다. 하지만 이미 너무 늦었다. 베스도 알고 있었다. 교수는 왜 베스에게 죽음이 머지않았다는 사실을 알리지 않았을까? 또 다른 약물을 권한 이유가 무엇일까?

우리는 이미 답을 알고 있다. 의사 또한 죽음을 피하고 싶어 한다. 그리고 때로는 환자에게 죽음을 고하는 것보다 약을 처방하는 게 쉽다. 외과 의사이자 작가인 셔윈 누랜드Sherwin Nuland는 이를 이해했다. "이 세상에는 다양한 직업이 있지만 죽음을 향한 불안이 큰 사람일수록 의학에 관심을 가질 가능성이 크다."[5] 누랜드는 이렇게 이야기했다. "우리가 의사라는 직업을 선택한 이유는 환자를 치료하면서 우리가 그토록 두려워하는 죽음에 맞설 힘을 얻을 수 있기 때문이다." 즉, 의사는 곤란한 대화를 피하기 위해 일단 무엇이든 방법을 제시한다.

그렇다면 우리는 어떻게 올바른 방향으로 나아갈 수 있을까? 잘 죽으려면 준비가 필요하다. 그리고 죽음을 준비하려면 생명의 유한함을 인지해야 한다. 그런데 정작 의사가 다가오는 죽음을 모른 체한다면 우리는 그들이 제안하는 치료가 실제로 도움이 될 것인지를 어떻게 판단할 수 있을까?

치료가 헛된 수고가 될지 말지를 판단하려면 먼저 앞서 말한 쇠약함의 정도를 고려해야 한다. 암세포에 간을 잠식당한 내 친구 베스는 젊은 나이에도 불구하고 쇠약함의 5가지 기준을 모두 충족했다. 그럴수록 새 치료를 결정할 때 주의를 기울여야 한다.

환자의 몸 상태를 파악했다면 의사에게 어려운 질문을 던져 유의미한 대답을 이끌어낼 차례다. 의사는 특정 치료법에 어떤 효과나 위험이 있는지 생각하는 데 익숙하다. 그러니 "이 치료법이 저한테 어떤 도움을 줄까요?", "이 치료에는 어떤 부작용이 있나요?"와 같은 질문을 하는 데 주저할 이유가 없다.

더욱 구체적인 질문도 좋다. 예를 들어 화학 요법을 받게 된다면 이렇게 물어볼 수 있다. "저와 같은 암 진행 단계에 속한 환자 중이 약을 복용하고 상태가 나아진 사람이 있나요?" 또는 의사에게 여러분의 삶에 의미를 부여하는 요소나 활동을 설명하고 "이 치료를 받고 건강이 악화돼 이런 활동을 즐기지 못하게 될 가능성은 얼마나 되나요?"라는 질문을 던질 수도 있다.

외과 의사는 대개 특정 수술이나 시술에 앞서 성공 확률을 통계적으로 설명한다. 하지만 정확히 어떤 회복 효과를 기대할 수 있는지 묻는 게 더 큰 도움이 된다. 셔윈 누랜드가 이야기하길, 외과 의사는 노약자의 수술 후 회복 기간을 예상할 때 수술 시간과 난이도를 과소평가하는 경향이 있다.

셔윈 누랜드의 92세 환자 헤이즐 웰치는 요양원에서 의식불명으로 발견됐다.[●] 누랜드는 환자의 소화관에 천공이 발생했다고 판단했다. 수술을 하지 않으면 사망할 것이 분명했다. 의식을 회복한 웰치 할머니는 이만하면 오래 살았다며 수술을 거부했다.

하지만 누랜드는 수술을 받으면 셋 중 하나의 확률로 살 수 있지만 수술을 받지 않으면 무조건 죽는다며 할머니에게 수술을 권유했다. 누랜드는 환자가 생각할 시간을 가질 수 있도록 잠시 자리를 비웠다. 그리고 병실로 돌아왔을 때, 할머니는 누랜드에게 "의사 선생님만 믿고" 수술을 받겠다고 말했다. 할머니의 말을 들은 누랜드는 갑자기 자신이 옳은 일을 하고 있는지 의심이 들었다.

지금 이 책을 읽고 있는 의사나 간호사 독자는 이미 눈치챘겠지만, 수술은 예상보다 훨씬 복잡했다. 배를 열고 천공 부위를 찾는 수술은 원래 어렵다. 게다가 초고령 환자의 신체는 수술에 지장을 줄 수 있는 여러 변수가 존재한다. 수술을 마친 웰치 할머니가 생명유지장치를 제서하기까지는 1주일이 넘게 걸렸고, 성대를 회복하는 것은 그로부터 며칠을 더 기다려야 했다. 누랜드는 당시를 떠올리며 이렇게 말했다. "환자는 말을 할 수 있게 되자마자 자신이 원하던 대로 죽게 내버려두지 왜 굳이 비열한 술수를 써서 사람을 힘들게 하냐고 원망을 쏟아냈습니다."

웰치 할머니는 요양원으로 돌아간 지 2주 만에 심각한 뇌졸중으로 사망했다. 셔윈 누랜드는 수술 후에 발생할 수 있는 위험을 간과하고 할머니에게 수술을 권유한 것을 후회했다. 그리고 혹시라도 할머니가 퇴원을 하고 난 뒤에도 줄곧 의사의 '의도치 않은 기만'에 분노를 삭이지 못하던 중 뇌졸중에 걸린 것은 아닌지 걱정했다. 누랜드는 자신이 다른 사람에게 건넨 조언을 다시 한번 마음에 새겼더라면 그렇게 성급하게 수술을 권하지는 않았을 것이라고 반성했다. 대신 할머니 말에 조금 더 귀를 기울이고 말을 줄였을 것이다.

헤이즐 웰치 할머니는 갑작스럽게 찾아온 병이 '명예로운 죽음'을 안길 것이라 여겼지만 의사의 말을 듣다가 계획은 좌절됐다. 11시간 동안 이어진 대수술을 받고 결국 뇌졸중으로 사망한 헤이즐 웰치 할머니의 이야기는 의사에게 처치나 수술의 장단점 묻기를 망설이지 말라는 경고를 남긴다.

이 시점에서 나는 미국 하버드의과대학 메사추세츠 병원 소속 의사들이 발표한 유명한 연구 결과를 소개하려고 한다.[7] 그들은 전이성 비소세포폐암을 진단받은 환자를 관찰했다. 이 병은 전 세계적으로 사망률이 가장 높은 암 중 하나로 엄청난 고통을 유발하며 대부분의 환자는 진단 후 1년 내에 사망한다. 젊은 신경외과 의사 폴 칼라니티는 비소세포폐암에 걸린 후 투병기를 담은 회고록 『숨결이 바람 될 때』(흐름출판, 2016)를 쓰기 시작했지만 완성을 앞두고 세상을 떠났다. 외과 의사이자 작가인 아툴 가완디는 첫 아이 출산을 앞두고 암을 진단받은 사라 모노폴리의 안타까운 이야기를 공유했다. 사라의 병명 또한 비소세포폐암이었다.

비소세포폐암은 예후가 나쁘다. 그리고 메사추세츠 병원 의사들은 환자의 고통을 덜어줄 방법을 찾기 위해 노력했다. 그들은 이 암을 진단받은 환자를 두 그룹으로 분류했다. 한 그룹은 비소세포폐암 표준 치료를 받았고, 다른 그룹은 표준 치료와 조기완화 치료를 병행했다. 조기완화 치료 전문 의사와 간호사는 주기적으로 두 번째 그룹에 속한 환자를 만나 신체적, 정신적 상태를 확인하고 의학적 결정을 내리는 데 도움을 주고, 치료를 조정하고, 환자가 어떤 방식으로 죽음을 맞이하길 원하는지 대화를 나누는 등 다방면으로 세심한 주의를 기울였다. 조기완화 치료 팀은 치료 전반에 걸쳐 환자를 보조했다. 반면 특별한 요청이 없는 이상 표준 치료 그룹에 속한 환자에게는 조기완화 치료를 제공하지 않았다.

연구 결과는 의학계를 충격을 빠뜨렸다. 표준 치료와 조기완화 치료의 통합은 놀라운 효과를 보였다. 조기완화 치료 그룹에 속한 환자가 진단 후 사망에 이르기까지 걸린 기간은 표준 치료 그룹에 속한 환자보다 두 달가량 길었으며, 연장된 기간 동안 환자가 느끼는 기분과 삶의 질 또한 개선됐다. 건강한 사람에게는 겨우 두 달일 뿐이지만 진단 후 생존기간이 1년 이내인 질병에 걸린 환자에게는 결코 짧은 시간이 아니다.

게다가 조기완화 치료를 받은 환자는 죽음을 앞두고 덜 공격적인 치료를 선택했다. 즉, 죽음을 앞둔 몇 주 동안 약물치료를 줄이고 고통을 완화할 수 있는 치료에 초점을 맞췄다. 그들은 암 치료를 받는 동안 죽음을 준비하고 삶의 질을 높이는 데 집중했다. 도움이 될 것 같지 않은 약물치료는 과감히 거절했다. 덕분에 조기완화 치료를 받은 환자는 표준 치료만 받은 환자보다 인생을 두 달 더 즐길 수 있었다.

같은 병에 걸렸지만 병원 밖에서 인생을 즐기는 사람이 더 행복한 것은 당연하다. 하지만 메사추세츠 병원 연구는 예후가 좋지 않고 죽어가는 상황이더라도 공격적인 치료를 줄이고 죽음을 준비한다면 더 오래, 더 만족스러운 삶을 살 수 있음을 보여준다.

암 종류마다, 진행 단계마다 치료 방법은 크게 달라진다. 그러니 메사추세츠 병원에서 발표한 연구 결과를 오해하지 않기 바란다. 무조건 생명연장치료를 포기하라거나 예후가 좋지 않은 병을 진단받는 순간 조기완화 치료를 받으라는 의미가 아니다. 실제로 나는 조기완화 치료가 가능하더라도 환자에게 일단 충분한 조사와 숙고를 거친 후 결정을 내리라고 조언한다. 메사추세츠 병원 연구가 주는 교훈은 단순하다. 연구에 참여한 조기완화 치료 팀이 그랬듯 치료 방법을 선택하기에 앞서 생명의 유한함을 인정하고 생명연장이 아닌 삶의 질을 유지하는 데 초점을 맞춰 뒤늦게 후회하는 일이 없도록 해야 한다.

심폐소생술을 결정하기 전 다시 한번 생각하기

잘 죽는 데 필요한 다른 과업에 대해 논의하기 전, 병원에서 죽음을 맞이하는 상황에 놓였을 때 고려할 부분을 한 가지 더 짚고 넘어가자. 바로 심폐소생술이다. 우리는 제1장에서 터너 씨가 경험한 세 번의 죽음과 세 번의 심폐소생술 시도가 어떻게 끝났는지 살펴봤다. 그리고 제2장에서는 심장과 폐가 약해질 대로 약해져 호흡기의 도움으로 겨우 숨을 쉬고 있으면서도 심장이 멎거든 무조건 심폐소생술을 실시해달라고 요구한 거트루드 카펠라 할머니 사례를 소개했다.

이 책을 쓰는 동안 거트루드 할머니는 24시간 간병인이 없으면 생활이 힘들 정도로 기억력이 악화됐다. 할머니는 여느 때처럼 기운이 넘쳤고, 여전히 무슨 수를 써서든 몇 시간이라도 더 살겠다는 입장을 고수했다. 하지만 할머니는 실제로 그런 상황이 닥치면 자신이 어떻게 다루어질지 제대로 이해하지 못했다.

거트루드 카펠라 할머니의 심장은 이미 망가졌고 망가진 심장이 멈추면 당연히 할머니는 사망할 수밖에 없다. 심폐소생술을 시도할 수는 있겠지만 낡아서 엔진 결함이 생긴 자동차에 다시 시동을 걸기는 매우 어렵다. 어떻게 엔진을 되살리더라도 곧 문제가 생길 것이다. 사람의 심장도 똑같다. 게다가 거트루드 할머니처럼 폐 기능에도 문제가 있다면 기계식 인공호흡기와 같은 생명유지장치가 호흡을 개선해줄 것이라는 기대는 버려야 한다. 생명유지장치는 다음 심장마비가 올 때까지 겨우 목숨을 부지하는 임시방편일 뿐이다. 평생 유지해온 흡연 습관이나 말기 암으로 폐가 돌이킬 수 없이 손상됐다면 어떤 생명유지장치를 이용해도 폐 기능을 되돌릴 수는 없다.

심장이 멈춰도 심폐소생술을 실시하면 어렵지 않게 심박을 되찾고 건강을 회복할 수 있을 것이라 오해하는 사람이 많다. 텔레비전과 영화가 이런 인식에 큰 영향을 미쳤다. 미디어 속 심폐소생술의 성공 확률은 무려 70퍼센트에 육박한다. 하지만 사실 심폐소생술 성공 확률은 보통 10퍼센트에서 많아야 20퍼센트에 불과하다.[8] 심폐소생술을 받은 환자 중 살아서 퇴원하는 사람은 별로 없다.

심폐소생술이 어떤 처치를 포함하는지 제대로 모르는 사람도 태반이다. 텔레비전에서 묘사하는 심폐소생술은 깔끔하다. 부드럽게 가슴을 몇 번 압박하고 입을 벌려 숨을 불어넣으면 사람이 되살아난다. 하지만 현실은 다르다. 효과적인 심폐소생술을 실시하려면 갈비뼈가 부러질 만큼 강하게 가슴을 압박해야 한다. 호흡관을 삽입하고 인공호흡기를 부착해 억지로 폐에 산소를 공급해야 한다. 중심 정맥에 카테터를 꽂아 넣고 심박을 되돌리는 강력한 약물을 주입해야 한다.

실제로 병원에 입원한 중증 환자를 대상으로 심폐소생술 교육을 실시하면 대부분 심폐소생술을 받지 않겠다고 이야기한다. 보스턴의 한 연구진은 기대수명이 1년 이하인 60세 이상 환자를 두 그룹으로 나눠 한 그룹에는 심폐소생술과 기계호흡 과정을 담은 3분짜리 영상을 보여주고, 다른 그룹에는 아무런 영상을 보여주지 않는 실험을 실시했다.[9] 영상을 시청한 환자는 자신에게 주어진 선택지를 더 잘 이해할 수 있게 됐다고 응답했다. 또, 영상을 시청한 환자가 심폐소생술 거부 의사를 밝힐 확률은 교육을 받지 않은 환자의 3배에 달했다. 심폐소생술이 어떻게 이루어지는지를 아는 것만으로 큰 차이가 생겼다.

삶의 마지막까지, 눈이 부시게

오해는 하지 않길 바란다. 심폐소생술로 건강을 회복할 수 있는 환자에게는 이 방법을 강력하게 추천한다. 무릎 인공관절 교체 수술과 마찬가지로 심폐소생술 또한 올바른 대상에게는 큰 도움이 될 수 있다. 하지만 환자가 '올바른 대상'에 해당하는지 판단하려면 나이, 폐 기능, 쇠약함의 정도, 심장절개수술 경험 유무를 비롯한 다양한 요소를 확인해야 한다. 어떤 사람에게는 심폐소생술이 주는 이익보다 부담이 더 클 수 있다. 죽은 사람을 되살리려면 삶의 질을 대가로 내놓아야 한다. 심폐소생술로 목숨을 되찾았지만 이렇게 사느니 차라리 죽는 게 낫겠다고 이야기하는 환자도 있다.

레지던트 생활을 시작한 지 얼마 안 됐을 무렵, 심폐소생술로 중환자실에 입원했던 여성 환자를 살린 적이 있다. 되살아난 환자는 왜 자신을 죽게 놔두지 않았냐며 몇 번이나 의료진을 원망했다. 당시 환자는 60대 후반으로 심각한 심장 질환과 당뇨병을 앓고 있었다. 체중 조절을 못한 탓에 관절염이 생겼고, 걷기조차 어려운 지경이 됐다. 몸을 움직일 수 없으니 날이 갈수록 몸무게는 늘어만 갔다. 결국 환자는 전동 휠체어 없이는 꼼짝할 수 없을 정도로 거동이 힘들어졌다.

그러던 중, 환자가 심장마비를 일으켜 심장절개수술을 받게 됐다. 나는 심폐소생술을 실시한 당일 환자를 만났다. 그리고 다음 날 환자의 상태를 확인하기 위해 병실을 찾았을 때, 환자는 그냥 죽게 내버려두지 그랬냐고 불평했다. 나는 기분이 약간 상해 이렇게 항의했다.

"하지만 저번에는 환자분께 무슨 일이 생기거든 어떻게든 살려 내라고 하셨잖아요."

"그랬죠." 환자가 대답했다. "그런데 막상 겪어보니까 마음이 바뀌었어요." 그로부터 몇 주 후, 환자는 사망했다.

──────── 물질의 덧없음

언젠가 시카고에 있는 할머니를 보러 간 적이 있다. 당시 할머니는 97살이었다. 몇 년 전 종양이 발견되긴 했지만 성장 속도가 느렸고, 종양을 제외하면 염려할 부분이 없을 정도로 건강했다. 따로 아픈 곳도 없었고 특별히 복용하는 약도 없었다. 다만 한 가지, 흐릿해지는 정신이 문제였다. 내가 할머니를 만나러 가기 얼마 전, 할머니는 원래 살던 아파트에서 나와 노인 복지 시설로 거주지를 옮겼다. 할머니가 입소한 건물에는 기억력에 문제가 있는 노인이 모여 살고 있었다. 그중에는 혼자 무엇이든 할 수 있을 정도로 정정한 사람도 있었고, 혼자서는 아무것도 할 수 없을 정도로 건강이 좋지 않은 사람도 있었다.

내가 시설을 방문했을 때 할머니는 식당에서 점심식사를 마치고 자리에 앉아 다른 입소자와 직원을 살피고 있었다. 내가 다가가

자 할머니는 눈을 반짝였다. 손녀가 반가워서 그런 것이 아니라 단지 자신을 만나러 온 사람이 있다는 게 기뻤을 뿐이다. 게다가 할머니를 보면서 반가워하니 더욱 기분이 좋았을 것이다.

"할머니! 리디아예요! 할머니 손녀요. 페니 딸이잖아요." 나는 몇십 년 전 나를 품에 안고 돌봐주던 할머니에게 낯선 사람처럼 스스로를 소개했다.

"네가 페니 딸이라고? 정말 잘됐구나!"

우리는 이런저런 대화를 나누며 공용 공간을 벗어나 할머니 방으로 향했다. 나는 한 사람의 인생이 방 한 칸에 다 들어간다는 사실에 놀랐다. 폭격기 조종사의 아내이자 화가 그리고 그래픽 디자이너였던 할머니는 예술품에 돈을 아끼지 않았다. 몇 년에 걸쳐 수집한 그림과 조각이 집을 가득 채웠다. 이제 그 집은 없지만 할머니 방에는 고상한 작품 몇 점이 여전히 남아있다. 삼촌은 할아버지와 할머니가 55년간 살던 집을 떠나 아파트로 이사했을 때 그랬듯 복지 시설에서 제공하는 자그마한 방을 할머니가 살던 아파트 거실과 최대한 비슷하게 꾸미려고 노력했다.

미처 가져오지 못한 물건은 다 어디로 갔을까? 아름다운 예술 작품은? 가족사진을 모아둔 앨범은? 수공예 가구는 어쨌을까? 얼핏 어머니와 이모, 삼촌이 할머니 물건을 나눠 가지던 기억이 난다. 정리하면서 버려진 물건도 꽤 많을 것이다.

할머니 방을 보고 있자니 살림을 줄이기 위해 소유물 처분 판매에 나선 여성의 이야기가 생각났다. 회사에서 전문 인력을 고용해 물건을 팔았음에도 수입은 고작 2,000달러뿐이었다. 게다가 그중 절반을 수수료로 지불해야 했다. 여성이 안 팔리고 남은 물건은 어떻게 처리해야 되냐고 묻자, 담당자는 1,000달러만 주면 나머지 물건도 알아서 처리해주겠다고 대답했다. 평생이 담긴 물건이 순식간에 아무것도 아닌 것으로 전락했다.

나이가 들면서 줄어드는 것은 물건만이 아니다. 물건만큼 분명하게 눈에 보이지는 않지만 나이가 들면 공동체도 축소된다. 한창때 할머니는 할아버지의 사업 파트너와 할머니의 친구, 이웃, '바느질 모임' 사람들을 초대해 직접 저녁을 대접하곤 했다. 하지만 세월이 흐르며 같이 늙어가던 친구가 하나둘 세상을 떠났고, 할아버지의 건강이 악화되자 할아버지를 보살피며 남은 나날을 보내겠다고 다짐했다.

할아버지와 할머니가 집을 떠나 노인 복지 시설에 입소했을 때 나는 할머니가 시설에서 새 친구를 사귀기를 간절히 바랐다. 할아버지마저 죽고 나면 할머니가 친구 한 명 없이 홀로 남을까 봐 두려웠다. 나는 할머니에게 쇼핑과 준비 작업은 모두 내가 해줄 테니 이웃을 초대해 차라도 한 잔 마시라고 권유했다.

하지만 할머니는 관심을 보이지 않았다. 늙어가며 작고 쇠약해질수록 소유한 물건이 줄어들고, 거주지가 작아지고, 관계가 좁아졌다. 결국 우리는 빈손으로 죽는다. 그렇기에 생의 마지막에 이르렀을 때 무엇이 정말 중요한지 고민해야 한다.

생의 마지막에 이르렀을 때
중요한 것들

우리는 인생에 의미를 부여하는 요소를 찾아 목적을 추구하며 살아야 한다. 연구에 따르면 삶의 목적을 지닌 사람은 그렇지 않은 사람보다 알츠하이머에 걸리거나 정신적, 신체적 장애를 얻을 확률이 낮은 데다가 더 오래, 행복한 삶을 산다.[10]

『뉴욕타임스』 칼럼니스트 폴라 스팬은 아버지의 오랜 친구이자 이웃인 매니 이야기를 세상에 공유했다. 전직 정육점 주인인 매니는 가게를 운영할 때 가정집에 고기를 배달해주었다. 은퇴하고 한참이 지나 90대가 됐을 무렵, 배달할 고기는 없었지만 다시 가정 방문을 시작했다. 매니는 매일 짬을 내 같은 아파트 건물에 사는 노인들이 잘 지내는지 확인했다. 스팬은 매니를 이렇게 묘사했다. "매니 씨는 아버지보다 늙고 쇠약했다.[11] 지팡이에 의지해 힘겹게 걸음을 옮기면서 겨우 상대방 얼굴이나 알아볼 정도로 근력과 시력이 떨어졌다. 하지만 매니 씨는 매일 오전 오후로 한 번씩 아버지를 찾아와 별 문제는 없는지 물어보고 한담을 나눴다. … 아픈 날을 빼고는 하루도 거르지 않았다."

쇠약하고 늙었지만 매일 아침 무엇 때문에 자신이 침대에서 일어나는지 분명히 알고 있었다. 노년에 들어 품은 삶의 목적은 반세기 전과 매우 유사했지만 똑같지는 않았다. 세월이 흐르면 인생에 의미를 부여하는 요소 또한 변하기 마련이다. 문제는 과연 무엇이 우리 인생에 의미를 부여하는지 알아내는 데 있다.

사람마다 가치를 두는 부분이 다르니 정확히 어떤 요소가 인생에서 중요한 부분을 차지한다고 단정 지어 말하기는 어렵다. 대신 두 가지를 짚고 넘어가고 싶다.

첫째, 궁극적으로 무엇이 중요한지 알아내는 데는 많은 생각이 필요하다. 가볍게 흘려보내는 생각이 아니라 깊고 진지한 생각이 필요하다. 지금 책을 읽고 있는 독자 중에는 주기적으로 삶의 목적을 논의하는 공동체에 속한 사람도 있을 것이다. 그렇다고 해도 심사숙고 끝에 공동체가 추구하는 신념을 받아들일지 말지를 판단해야 한다는 사실은 같다.

둘째, 생의 마지막에 이르렀을 때 무엇이 중요한지 결정하는 데는 적극적인 행동이 필요하다. 예를 들어, 여러분이 인생에서 가장 중요하게 생각하는 요소가 가족이라고 해보자. 가족과 함께하는 시간은 인생에 의미를 더하고 은퇴가 가까워질수록 사회생활보다 손주가 건강하게 잘 자라는 것이 더 중요하게 느껴진다. 하지만 손주와 멀리 떨어져 살아 일 년에 두어 번밖에 못 만난다면 어떻겠는가? 정말 가족과 함께 보내는 시간이 삶의 목적이라면 여러분은 일을 그만두고 손주와 가까운 곳으로 이사를 갈 것이다.

하지만 이런 생각을 실제로 행동으로 옮기는 사람은 많지 않다. 미국인의 40퍼센트가 가족과 함께 보내는 시간이 인생에서 가장 소중한 의미이자 성취의 원천이라고 대답했고, 거의 70퍼센트가 가족이 인생에서 '큰 비중'을 차지한다고 대답했다.[12] 이렇듯 대다수의 미국인이 가족에서 삶의 의미를 찾으니 당연히 가족을 우선순위에 두고 인생을 꾸려야 한다. 꼭 가족이 아니라도 마찬가지다. 커리어를 쌓거나 철학을 공부하면서 삶의 의미를 찾는 사람이라면 지금보다 더 많은 시간을 일과 철학에 투자할 수 있게 생활양식을 조정해야 할 것이다.

얼마 전 퓨 리서치 센터는 미국인이 중요하게 여기는 삶의 요소가 무엇인지 알아보는 조사를 실시했다.[13] 조사는 두 가지 방식으로 이루어졌다. 먼저, 연구진은 조사에 참여한 사람에게 무엇이 인생에 의미를 더하는지 서술하도록 요구했다. 참여자는 어떤 조건이나 제약도 없이 자유롭게 의견을 표현했다. 그런 다음 연구진은 흔히들 중요하게 여기는 15가지 요소로 선택지를 제시하고 참여자가 그중 몇 가지를 고르도록 했다. 첫 번째 조사가 주관식이었다면 두 번째 조사는 객관식이었다.

4,700명 이상이 두 조사에 참여했다. 첫 번째 조사에서 가장 많이 언급된 요소는 단연 가족이었다. 가족 다음으로 중요하게 여기는 요소는 참여자에 따라 상이했다. 약 3분의 1이 커리어에서 삶

의 의미를 찾는다고 응답했고, 4분의 1가량이 재정 상태나 돈을 꼽았다. 참여자의 5분의 1이 신념이나 신앙이 인생에 가장 큰 의미를 부여한다고 이야기했고, 또 다른 5분의 1은 우정을, 나머지 5분의 1은 다양한 취미 활동을 통해 성취를 느낀다고 대답했다. 결과를 정리하자면 미국인은 가족, 일, 돈 순서로 삶에 의미를 둔다. 신앙, 우정, 취미가 그 뒤를 이었다. 객관식 조사에서도 여전히 가족을 선택한 사람이 가장 많았지만 종교가 일, 돈을 제치고 2위를 차지했다.

이 통계는 무엇을 보여줄까? 우리가 중요하게 여기는 것이 남들과 다르지 않다는 안도감을 줄 수도 있지만 반대로 우리가 인생의 의미에 대해 깊게 생각해본 적이 없다는 사실을 드러낼 수도 있다. 또는 무엇이 삶에 의미를 부여하는지 곰곰이 고민해봤다고 하더라도 우선순위를 실현하기 위해 행동하지는 않았음을 의미한다.

아마 할머니 또한 비슷한 대답을 내놨을 것이다. 할머니는 언제나 가족과 종교를 가장 중요하게 생각했다. 게다가 생각에 그치지 않고 늘 행동으로 이를 보여줬다. 할머니는 한 주도 빠지지 않고 주일마다 예배에 성실하게 참여했고 가족과 관련된 일이라면 언제나 두 발 벗고 나섰다. 할머니의 남편, 즉 나의 할아버지는 좋은 배우자는 아니었다. 한때 할머니는 어린 아들딸 셋을 데리고 잠시 남편 곁을 떠난 적도 있지만 결국 돌아와 결혼 생활을 지켜냈다. 나중에 할머니가 나에게 이런 말을 했다. "할아버지를 믿음직한 사내로 만드는 데 50년이 걸렸지만 기다릴 만한 가치가 있는 시간이었어." 할머니는 평생에 걸쳐 절제와 미덕을 기르며 힘든 결혼 생활을 버텨냈을 뿐 아니라 더 나아가 자신과 가족의 삶을 풍성하게 만들었다.

죽어가면서도 삶이 빛났던 사람들

잘 죽는 비결이 잘 사는 데 있다니, 어떤 삶을 살아야 잘 살았다고 할 수 있을까? 어떻게 해야 죽음을 앞두고도 풍성한 삶을 살 수 있을까? 고대 그리스 철학자 플라톤과 아리스토텔레스는 무엇이 됐든 잘하기 위해서는 선한 삶을 살아야 한다고 주장했다.

고대 그리스인은 선善을 평생에 걸쳐 배양하는 훌륭한 습관이라고 생각했다. 아리스토텔레스가 이야기하길, 운이 좋은 사람은 좋은 가정에서 태어나 어렸을 때부터 용기, 정의, 자제력 등 선한 인간이 갖춰야 할 덕목을 배우며 성장한다. 이런 덕목은 타고나는 것이 아니다. 우리는 나이가 들어감에 따라 노력과 연습을 반복하며 인생을 사는 데 도움이 되는 지혜를 길러 도덕적이고 훌륭한 삶을 누릴 수 있다.

하지만 죽어가는 와중에도 이것이 가능할까? 아리스토텔레스는 아마 불가능하다고 대답했을 것이다. 아리스토텔레스는 풍성한 삶을 위해서는 건강, 부, 우정과 같은 외부적 요소가 필요하다고 생각했다. 하지만 플라톤을 비롯한 고대 금욕주의 철학자들은 선만으로 풍성한 삶을 살 수 있다고 믿었다. 금욕주의 철학자의 논리에 따르면 훌륭한 습관을 기르는 데 성공한 사람은 죽어가는 과정 속에서도 풍성할 수 있다.

내가 이 책을 마무리할 때쯤 할머니의 상태가 나빠졌다. 나는 할머니를 만나러 복지 시설을 찾아갔다. 눈에 띄게 야윈 모습에 마음이 아팠다. 고통은 없었지만 배 속에서 종양이 점점 자라는 것 같았다. 종양은 2년 전에 발견됐지만 성장 속도가 워낙 더디기도 했고, 할머니의 몸이 너무 쇠약해 '수술불가' 판정이 내려졌다. 의심의 여지없이 할머니는 죽어가고 있었다. 하지만 자신이 속한 세상이 작아지는 동안에도 할머니는 평온함과 우아함을 잃지 않았다.

이 책에는 죽어가면서도 좋은 삶을 살았던 사람들의 이야기가 담겨있다. 그들이 좋은 죽음을 맞이할 수 있었던 비결이 뭘까? 잘 죽기 위해, 또 잊힌 죽음의 기술을 다시 살려내기 위해 우리가 평생에 걸쳐 길러야 하는 덕목은 무엇일까?

수전 손택은 『은유로서의 질병』에서 죽음이라는 적에 맞서 싸우도록 용기의 미덕을 키우라고 권했다. 하지만 앞에서도 이야기했듯 죽음의 공포를 정복하려고 노력해서는 좋은 죽음을 맞이할 수 없다. 우리는 사랑하는 사람과 함께 두려움과 슬픔을 향해 계속 나아가야 한다. 이것이 우리에게 주어진 괴롭지만 고귀한 임무이다.

서양에서 강조히는 미덕인 '사기 결정 능력'을 기르는 데 집중해야 한다고 생각하는 사람도 있을 것이다. 미국은 이 능력을 바탕으로 세워진 나라라고 할 수 있다. 개척자와 탐험가는 혼자만의 힘으로 척박한 땅을 일궈 길을 만들었다. 얼핏 생각하기에 홀로 미지의 영역을 개척하는 모험가는 잘 죽는 것을 포함해 무엇이든 잘해낼 수 있을 것 같다. 하지만 아리스토텔레스가 말했듯 혼자서는 누구도 풍성한 삶을 살 수 없다. 인간이 사회적인 존재인 만큼 죽음은 공동체가 함께 감당해야 할 사건이다.

고대부터 현대까지 인류는 잘 죽기 위해 어떤 미덕을 갖춰야 하는지 오랜 세월 고민해왔다. 정의나 사랑이 그런 미덕이 될 수 있다. 물론 이 둘은 뛰어난 가치를 지녔지만 다른 모든 미덕을 뛰어넘는다고 하기에는 무리가 있다. 『아르스 모리엔디』에 수록된 삽화를 떠올려보자. 이 삽화는 죽어가는 사람이 흔히 마주하는 5가지 유혹과 유혹을 떨쳐내는 데 필요한 5가지 미덕을 그렸다. 우리는 앞에서 천천히 쇠약해지는 신체에 조급해하며 차라리 빨리 죽음이 찾아오길 바라던 남자를 그린 삽화를 살펴봤다. 인내로 조급함을 완화할 수 있지만 변화는 한순간에 일어나지 않는다. 인내에는 연습이 필요하다. 다른 버릇과 마찬가지로 인내 또한 오랜 세월 반복되는 연습을 통해 체득된다.

이는 다른 미덕에도 똑같이 적용 가능하다. 죽음이 가까워지면서 느끼는 절망은 평생에 걸쳐 연습한 희망으로 이겨낼 수 있다. 자신만을 생각하는 오만한 사람은 겸손을 연습함으로써 타인을 포용하는 방법을 익혀야 한다. 마지막으로 물질에 집착하는 사람은 관용을 실천해 탐욕을 눌러야 한다. 세상을 살며 아무리 많은 부를 축적해도 언젠가 우리가 속한 세상은 작아질 것이고 마지막에는 빈손으로 세상을 떠날 수밖에 없다. 그러니 지금부터 나눔을 연습하자.

결국 인내, 희망, 겸손, 믿음, 초월의 덕목은 풍성한 삶과 죽음을 가져올 것이다. 이 책에서 이야기한 주제를 하나하나 돌이켜보면 세상을 초월하는 습관은 인간의 유한함을 인정하는 태도와, 겸손의 습관은 공동체 구성원을 수용하는 태도와 관련이 있다. 그리고 유한함을 깨닫고 공동체를 받아들이는 태도는 죽음의 기술에서 빠뜨려서는 안 될 필수적인 요소이다. 희망과 믿음은 죽음을 향한 두려움을 완화하고, 가장 심오한 실존적 불안에 답을 제시하고, 내면의 평화를 찾는 데 도움을 준다. 또, 인내는 거의 모든 사람에게 더 나은 삶과 더 나은 죽음을 약속한다. 그러니 우리는 당장 오늘부터 위에서 이야기한 5가지 미덕을 함양할 수 있도록 노력해야 한다. 이런 성품들은 하루아침에 완성되지 않는다. 매일 삶에서 연습하며 함양해나가야 한다. 잘 살아낸 오늘이 모여 좋은 삶과 좋은 죽음을 만든다.

20세기 중반 미 상원 담당 목사였던 피터 마셜은 바그다드 상인

이야기로 많은 사람들에게 깨달음을 줬다.[14] 바그다드 상인 이야기를 함께 살펴보자.

어느 날 아침, 바그다드의 상인이 하인을 시장으로 보냈다. 하인은 심부름을 간 지 얼마 안 돼 집으로 돌아왔다. 겁을 먹어 얼굴이 하얗게 질렸다. 하인은 상인에게 이야기했다. "장을 보다가 어떤 여자가 등을 떠밀기에 뒤돌아봤더니 죽음이 지척에 있었습니다. 죽음이 저를 위협했어요. 주인님, 제발 말을 빌려주세요. 죽음을 피해 도망가야겠습니다. 사마라까지 말을 타고 가서 죽음이 저를 찾지 못하도록 숨어야겠어요."

사연을 들은 상인은 하인에게 말을 빌려줬다. 하인은 지체하지 않고 사마라로 떠났다. 그날 오후, 상인이 직접 시장에 갔다가 사람들 속에 서있는 죽음을 목격했다. 상인은 죽음에게 그날 아침 하인을 위협한 이유가 무엇이냐고 물었다.

죽음이 대답했다. "위협한 게 아니었소. 놀랐을 뿐이죠. 오늘 밤 사마라에서 만나기로 한 사람을 바그다드에서 봤으니 얼마나 놀랐겠소?"

바그다드 상인 이야기는 누구도 죽음을 피해갈 수 없다는 교훈을 준다. 우리는 죽음을 피할 수도, 재촉할 수도 없으니 언젠가 마주하게 될 사마라의 밤을 준비해야 한다. 죽음 또한 삶의 일부다.

사람은 누구나 죽음의 기술이 삶의 기술을 앞지르는 순간을 맞닥뜨리게 된다. 우리 할머니에게는 내가 출장을 떠나기 직전에 그 순간이 찾아왔다. 출장을 준비하고 있을 때, 할머니의 호스피스 간호사 도나에게서 할머니가 침대에서 굴러 떨어졌다는 문자를 받았다. 도나는 할머니가 '마지막 경련', 즉 임종을 앞두고 관찰되는 불안 증상을 보이는 것 같다며 진정제를 처방해야 할지 의견을 구했다. 하지만 도나가 돌아왔을 때 할머니는 언제 경련을 일으켰냐는 듯 직원의 도움을 받아 거실 안락의자에 누워 편안히 쉬고 있었다. 우리는 할머니를 주의 깊게 지켜보면서 꼭 필요할 때만 진정제를 투여하기로 합의했다.

다음 날, 학회장에서 오피오이드 크라이시스opioid crisis(마약성 진통제 오남용으로 인한 중독 증상—옮긴이)를 주제로 한 발표를 앞두고 도나에게 다시 문자가 왔다. 할머니가 의식을 잃고 숨을 가쁘게 몰아쉬고 있다는 소식이었다. "호흡을 회복하고 통증을 완화하려면 모르핀을 투여해야 할 것 같아요." 적절한 처방이었지만 마약성 진통제의 부작용에 관한 발표를 앞두고 할머니에게 모르핀을 투여해야 한다는 이야기를 들으니 왠지 기분이 이상했다.

사실 임종 직전에는 모르핀을 비롯한 마약성 진통제를 복용해도 오피오이드 크라이시스에 따른 걱정이 없다. 단지 죽어가는 이의 고통을 덜고 호흡을 돕는 목적으로 사용되기 때문이다. 게다가 죽음을 앞두고 찡그린 채 숨을 헐떡이는 사람에게 마약성 진통제를 투여하면 표정이 평온해지고 호흡이 고르게 정돈된다. 실제로 통증이나 호흡곤란 증세가 없는 환자를 평화롭게 보내주기 위해 모르핀을 처방하기도 한다. 할머니는 고통을 호소하지도 않았고, 숨이 가쁘기는 했지만 호흡이 힘겨워 보이지도 않았기에 일단은 모르핀을 투여하지 않고 기다려보기로 했다.

이 사건이 일어나기 1년 전, 할머니가 며칠 동안 의식을 잃은 적이 있었다. 병원에서는 임종이 임박했으니 장례식을 준비하라고 권했다. 간호사는 할머니가 혼수상태에 빠졌다고 생각하고 진통제 투여를 멈췄다. 그런데 며칠 후 할머니가 의식을 회복했다. 그제야 다들 할머니가 죽어가는 게 아니라는 사실을 눈치 챘다. 마약성 진통제 투여량이 과해 정신을 차리지 못했을 뿐이다.

발표 다음 날 다른 학회에 참석해 통증 반응에 대해 이야기할 때 휴대전화 진동이 울렸다. 도나였다. 문자는 할머니의 임종을 알렸다. "방금 할머니가 돌아가셨다는 연락을 받았어요. 팸한테는 제가 전화할게요" 마지막 문장에는 마침표가 없었다.

할머니는 지난 며칠 동안 거의 의식을 잃은 채 누워있었다. 전날 밤, 가족과 친지가 목사와 함께 할머니를 찾아왔다. 그들은 진정한 아르스 모리엔디 정신에 따라 노래하고, 기도하고, 추억을 공유했다. 할머니는 내내 눈을 뜨지 못했지만 이별을 앞두고 찾아와준 사람에게 고마움을 표시하고 싶다는 듯 목사의 손을 꼭 쥐었다. 그날 밤 할머니를 방문한 모든 사람이 저마다의 이별 의식을 치렀다. 다음 날 오후 할머니는 다시는 깨어날 수 없는 잠에 빠졌다.

나는 정신없이 학회장을 빠져나와 어머니에게 전화를 걸었다. 어머니는 막 시설 로비에 도착한 참이었다. 할머니가 몇 분 전 숨을 거뒀다는 사실은 아직 모르고 있었다. 도나와 나는 이모에게 소식을 전하려고 몇 번이나 전화를 걸었지만 연락이 닿지 않았다. 다음으로 삼촌에게 전화를 했다. 삼촌은 퇴근하고 집에 들렀다 할머니를 보러 가려던 길이었다.

부고를 전해들은 친척들의 전화와 문자가 속속 이어졌다. 하나같이 따뜻한 위로의 말이었다. 98년 가까이 주어졌던 할머니의 세월이 끝났다는 사실이 갑자기 사무치게 느껴졌다. 나는 밖으로 나가 햇볕이 내리쬐는 벤치에 주저앉아 울음을 터뜨렸다.

나는 할머니의 죽음에 이성적으로 대처할 수 있을 것이라 생각했다. 지금까지 수도 없이 죽음을 목격했고, 이미 몇 년 전부터 할머니의 위와 간에 악성 종양이 있음을 알고 있었다. 게다가 지난 몇 주 동안 할머니의 몸무게가 급격히 줄었고 거의 대부분의 시간을 침대에 누워서 보냈다. 나는 할머니가 사망하기 전 36시간 동안 호스피스 간호사와 연락을 주고받으면서 할머니의 상태를 확인했다. 그리고 이별이 머지않았음을 가족에게 알렸다.

하지만 이성으로 슬픔을 통제할 수는 없었다. 나는 서럽게 울었다. 죽음 때문은 아니었다. 할머니는 충분히 긴 세월을 건강하게 살다 죽었다. 고통 없이 평온하게 떠났다. 할머니를 잃었다는 사실이 안타까워서도 아니었다. 임종을 지키기 못했다는 죄책감 때문도 아니었다.

내가 아는 한 가장 친절한 여성이 세상을 떠났다는 사실이 사무쳤다. 할머니는 현명하고 친절하고 이타적이었다. 할머니는 빈곤과 전쟁과 반세기 가까이 이어진 힘겨운 결혼 생활을 버텨냈다. 매일 아들딸과 손주손녀, 또 그들의 아들딸이 잘되기를 바라는 마음으로 기도했다. 할머니는 존재만으로 세상을 아름답게 만드는 사람이었다. 그리고 할머니의 죽음으로 세상은 그만큼의 아름다움을 잃었다. 사시사철 어여쁜 꽃을 피우던 할머니는 이제 더 이상 세상에 존재하지 않는다.

할머니가 세상을 떠난 뒤 며칠 동안 나는 차라리 상복을 입고 지낼 수 있다면 얼마나 좋을까 생각했다. 주변 사람에게 군이 슬픔의 이유를 설명하고 싶지 않았다. 병원에 출근하고 싶지도 않았고, 환자를 진찰하고 싶지도 않았다. 나는 할머니를 잃고 괴로워하면서 애도 의례의 필요성을 피부로 느꼈다. 나에게도 마음껏 슬퍼할 수 있는 시간이 필요했다. 하지만 내 몸은 직장을 벗어날 수 없었으니 마음만이라도 7일간의 시바를 기념하며 실컷 슬퍼하기로 했다. 꼭 모든 의례를 정석대로 지킬 필요는 없다. 옛 지혜는 현대에 맞게 얼마든지 변화시켜 적용할 수 있다.

터너 씨가 다른 삶을 살았더라면 다른 방식으로 죽을 수도 있지 않았을까? 그랬더라도 하룻밤 사이 심폐소생술을 세 번이나 받았을까?

여러분도 각자 책을 읽으며 자신의 경험을 돌아봤을 것이다. 과거 자신이 내린 결정을 후회했을지도 모른다. "아버지가 집에서 돌아가셨으면 좋았을걸", "항암치료를 조금 더 일찍 그만둘걸." 하지만 이 책의 목적은 후회가 아니라 긍정적인 변화를 이끌어내는 데있다. 나는 여러분이 새로운 시각으로 삶을 바라보고 더 나은 죽음을 맞이하길 바란다.

의사로 근무하면서 놀라운 사례를 많이 봤지만 그중에서도 특히 기억에 남는 사건이 있다. 어느 날, 음악치료사가 중증 치매에 걸린 어떤 할머니를 방문했다. 할머니는 침대에서 일어나기는커녕 눈꺼풀을 들어 올릴 힘조차 없을 정도로 쇠약했다. 누군가 먹여주지 않으면 식사도 하지 못했다. 나는 할머니의 목소리를 한 번도 들어본 적이 없었다. 보호자는 바이올리니스트인 음악치료사에게 할머니가 〈어메이징 그레이스〉라는 노래를 가장 좋아한다고 알려줬다. 바이올린에서 조용하고 희망적인 선율이 흘러나오자 할머니는 입을 벌리고 노래를 부르기 시작했다. 목소리는 잔뜩 갈라졌지만 끊이지 않았고 음정도 안정적이었다. 말은 할 수 없었지만 노래는 부를 수 있었다.

치매 환자를 돌본 경험이 있다면 알겠지만 스스로는 무엇도 할 수 없을 정도로 쇠약해진 중증 알츠하이머 환자는 종종 마지막 수단인 노래를 통해 공동체에 참여하고 삶의 아름다움을 경험한다.

음악 연구가 일레인 스타튼 하일드는 병들어 죽어가는 사람을 위한 음악을 공부한다. 전도유망한 바이올리니스트였던 하일드는 신경 질환에 걸려 연주자로서 역량을 펼치기가 힘들어지자 음악 연구가의 길로 들어섰다. 하지만 연주에서 완전히 손을 놓지는 않았다. 하일드는 클리블랜드 음대에 재학하는 동안 병원과 호스피스 병동을 방문해 환자에게 음악을 들려주곤 했다. 그리고 혼돈 속에서 질서를 창조하는 음악의 힘을 발견했다. 음악은 공동체의 유대를 강화했다.

"여럿이 함께 노래를 부르려면 함께 숨을 쉬어야 해요." 하일드는 이렇게 말했다.[15] "사랑하는 사람을 잃으면 숨쉬기조차 힘들게 느껴질 때가 있어요. 그럴 때 공동체가 함께 호흡을 맞추고, 목소리를 맞추면서 숨을 이끌어줍니다. 노래는 공동체를 하나로 묶는 매개이자 닿을 수 없는 곳으로 떠난 이에게 바치는 아름다운 선물이에요."

우리 몸은 매일 조금씩 부패하지만 우리는 어떤 방식으로도 공동체의 아름다움을 느낄 수 있다.

시인과 철학자, 조각가와 화가, 작가와 독자를 막론하고 죽음은 아주 먼 옛날부터 모든 사람에게 영감을 불어넣었다. 죽음은 바닥이 보이지 않는 우물만큼 심오하고 굶주린 사자만큼 횡포하다. 언젠가는 죽음이 우리 모두를 집어삼킬 것이다.

우리는 지금까지 아르스 모리엔디가 죽음을 길들인 방식을 살펴봤다. 이제 마지막 하나 남은 죽음의 기술, 즉 죽어가는 사람의 유언을 끝으로 책을 마무리하려고 한다.

히브리 민족의 족장 야곱은 기록된 역사 중 가장 오래된 유언을 남겼다.[16] 야곱은 죽기 직전 아들 12명을 모두 모아 한 명씩 차례로 축복을 내렸다. 장자 르우벤에게는 "내 첫째 아들 르우벤아 … 너는 뛰어난 지위와 권능을 누릴 것"이라고, 막내에게는 "베냐민 너는 굶주린 늑대이니 아침이면 먹이를 집어삼키고 저녁이면 전리품을 나눌 것"이라고 일렀다. 야곱의 유언을 들은 아들 12명은 아버지가 그들을 어떻게 바라봤는지, 또 남은 인생을 어떻게 살아야 할 것인지 분명히 이해했다.

유언을 마친 야곱은 마지막 안식을 위한 지시를 내렸다. 야곱은 머나먼 땅, 조부모와 부모가 묻힌 동굴에 함께 묻히길 바랐다. 그렇게 자신의 요구를 상세히 설명한 후 아들 요셉에게 지시를 따를 것이라는 맹세를 하게 만들었다. 야곱은 원하는 바를 모두 전하고 숨을 거뒀다.

어떤 사람들은 인생의 마지막 순간에 '전기傳記'를 기록한다. 이 전기는 오늘날 우리가 생각하는 부고와 다르다. 고인이 살면서 이룩한 성취가 아니라 죽음의 과정을 묘사한다. 죽어가는 과정에서 어떻게 행동했는가? 어떤 말을 했는가? 유언을 남겼는가? 마지막 순간 고인의 곁을 지킨 사람들은 이러한 임종 장면을 자세히 기록해서 지역 신문에 투고했다. 공동체 구성원은 좋은 죽음의 예시를 찾기 위해 전기를 주의 깊게 읽었다. 시간이 지나며 죽어가는 사람의 말과 행동을 담은 전기는 영향력을 잃었지만 고인이 죽기 전 마지막 남긴 말은 여전히 큰 의미를 지닌다.

유언은 다양한 형태를 취한다. 야곱처럼 축복이나 조언을 남기는 사람도 있고, 지난 잘못을 사과하고 용서를 구하는 사람도 있다. 레오나르도 다빈치는 죽기 전 겸손과 후회를 표현했다.[17] 사실인지 아닌지는 알 수 없지만 다빈치는 스스로의 작품에 만족하지 못한 마음을 주변 사람과 신에게 풀었다고 고백했다고 한다. 친구와 가족에게 애정과 사랑을 전하는 사람도 많다. 반면 어떤 사람은 삶과 죽음의 문턱에서 자신이 경험한 신비한 현상을 묘사하고 숨을 거둔다. 토머스 에디슨은 사망 전 며칠 동안 혼수상태에 빠졌다.[18] 죽기 직전 깨어난 에디슨은 위를 올려다보며 "저 너머는 정말 아름답군요"라고 말했다. 애플 공동창립자 스티브 잡스의 마지막 말은 간단했다. "오 와우. 오 와우. 오 와우."[19]

많은 작가가 책의 첫 문장이 가장 중요하다고 생각한다. 하지만 한 사람의 삶을 이야기에 비교한다면 아마 마지막 장, 마지막 문장이 가장 깊은 인상을 남길 것이다.

나는 터너 씨를 살린 것을 후회한다는 말로 이 책을 시작했다. 터너 씨는 더 나은 방식으로 죽을 수도 있었다. 나는 우리가 가족, 공동체, 의료진과 함께 죽음을 예측하고 준비할 기회를 가져야 한다는 메시지를 전하기 위해 터너 씨 이야기를 예시로 들었다. 죽음의 기술은 곧 삶의 기술과 같다.

시간이 지나면 모든 사람의 몸은 쇠한다. 누구도 이를 부정할 수 없다. 하지만 시들어가는 육체가 모든 것을 앗아가지는 않는다. 우리는 실존적 질문을 던지고 의례를 실천하고 현실을 수용하며 두려움과 슬픔을 향해 나아간다. 가만히 앉아 언젠가 찾아올 자신의 죽음과 이미 찾아온 타인의 죽음을 애도하는 과정에서 변화를 경험할지도 모른다. 병을 치료할 수 있다거나 죽음을 피할 수 있다는 이야기가 아니다. 우리는 심오한 경험을 통해 더욱 현명하고, 더욱 완전해진다. 혼돈 속에서 평화를, 그림자 속에서 빛을, 부패 속에서 아름다움을 찾을 것이다.

삶의 마지막까지, 눈이 부시게

작가의 말

수년간 곁에서 도움을 준 동료와 환자에게 진심으로 감사한다. 개인정보 보호를 위해 인물의 이름과 세부사항은 변경했다. 기억이 잘 나지 않거나 어떤 상황을 더욱 생생하게 묘사하고 싶어 환자의 이야기에 살을 덧붙이기도 했다.

하지만 예외도 있다. 내 환자 다이애나 애트우드 존슨은 책에 자신의 삶과 죽음을 가감 없이 공개하는 데 동의했다. 다이애나는 2018년 1월 1일에 사망했다. 2008년 세상을 떠난 지휘자 제스 레빈의 아내 질 펠레트 레빈은 책에 남편의 이야기를 있는 그대로 실어도 좋다고 허락했다. 우리 할머니의 이야기 또한 전혀 각색하지 않았다.

감사의 말

책을 쓰는 동안 나를 지지해준 친구들에게 깊은 감사를 전한다. 나는 예일대학교 의과 대학 교수로 일할 때 이 책을 쓰기 시작해 컬럼비아대학교에서 집필을 마쳤다. 고마운 사람이 너무 많아 모두의 이름을 언급하지 못하는 점을 양해해주기 바란다.

큰 도움을 준 몇 명에게 특별히 감사하고 싶다. 먼저 이 책을 써 보라고 제안해 준 필립 로플린, 꿈을 크게 가지라고 등을 떠밀어준 배리 네일버프가 없었더라면 이 책을 완성하지 못했을 것이다. 배리의 소개로 만난 멋진 에이전트 수전 진스버그는 늘 곁에서 힘을 줬다.

집필을 지지해준 패트릭 휴와 엘름 인스티튜트에도 고맙다는 말을 전한다. 예일대학교 그리스월드 펀드 덕분에 프랑스 콜마로 자료 조사를 떠날 수 있었다. 삽화 작업 의뢰를 도와준 내 소중한 친구 테드 신더에게도 감사한다.

베리타스의 친구들 덕분에 편집자를 만날 수 있었다. 누구보다도 겸손하고 현명한 프란시스 수에게는 말로 다할 수 없는 빚을 졌다. 프란시스는 그 이유를 알 것이다.

편집을 맡은 미키 모들린은 내 곁에서 마르지 않는 지혜의 샘이 돼 줬다. 나에게 기회를 주고 수없이 많은 '두서없는' 이메일에도 침착하게 응답해 준 준 모들린에게 감사한다.

소재와 영감을 제공해주고, 원고를 검토해주고, 대화 중 떠오른 아이디어를 사용할 수 있게 허락해준 친구와 동료, 교수, 환자에게 고마운 마음을 전한다. 아웻 앤디마이클, 테레사 버거, 대니얼 캘러핸, 맷 코번, 드류 콜린스, 레오 쿠니, 에릭 더그데일, 루신다 더거, 마이클 W. 더거, 리처드 에건, 엘리아나 포크, 그레그 갠슬, 제이니 가자로시안, 위릴엄 고틀러, 존 헤어, 마크 하임, 제니퍼 허트, 아니타 힌슨, 존 힌슨, 카일 험프리, 질 펠레트 레빈, 크리스천 런드버그, 이디스 뉴필드, 트레이시 래빈, 마커스 레디, 마저리 로젠탈, 제인 소크, 니콜 시릴라, 리니아 스프랜시, 피터 윅스, 크리스천 와이먼, 미로슬라브 울프에게 감사한다. 원고를 검토하고 조언해준 친구 레베카 맥로플린과 타냐 워커에게도 고마움을 표현한다. 한 단어 한 단어를 꼼꼼히 확인해준 사랑하는 남편 카일 덕분에 좋은 작품이 탄생했다.

할머니의 장례식이 끝나고 우리 가족은 당시 머물던 호텔 레스토랑에 모여앉아 이런저런 대화를 나눴다. 우리는 한창 작업 중이던 이 책에 대해 많은 이야기를 주고받았다. 마이클은 휴대전화에 저장해둔 스케치를 보여줬고, 우리는 그림 속에 어떤 상징이 숨어 있는지 토론했다. 가족이 함께 보내는 시간은 나에게 무척 특별하다. 아버지 필과 어머니 페니에게는 어떤 말로도 고마운 마음을 다할 수 없다. 나의 형제자매 루크, 루신다, 리아, 남편 카일, 우리 딸 엘로이즈와 수잔나가 있기에 의미 있는 삶을 살고 있다. 마지막으로 이 말이 내가 남기는 유언이 아니라는 사실에 감사한다.

제1장 죽음도 좋을 수 있을까

1 T. A. Balboni et al., "Provision of Spiritual Support to Patients with
   Advanced Cancer by Religious Communities and Associations with
   Medical Care at the End of Life," *JAMA Internal Medicine* 173/12
   (2013): 1109-1117 (1113).

2 J. J. Sanders et al., "Seeking and Accepting: U.S. Clergy Theological
   and Moral Perspectives Informing Decision Making at the End of Life,"
   Journal of Palliative Medicine 20/10 (2017년 10월): 1059-1067.

3 Steven Swinford, Laura Hughes, "Hospitals Act like 'Conveyor Belts' for
   Dying Patients," *The Telegraph*, 2015년 8월 13일.
   http://www.telegraph.co.uk/news/nhs/11802113/Hospitals-act-like-
   conveyor-belts-for-dying-patients.html.

4 Swift & Company's Meat Packing House, Chicago, Illinois. "Splitting
   Backbones and Final Inspection of Hogs," 1910-1915.

https://www.thehenryford.org/collections-and-research/digital-collections/artifact/354536.

5 Henry Ford, *My Life and Work*, 1922, (CreateSpace, 2017), 41.

6 나는 다른 책에서 할아버지의 이야기를 소개한 적이 있다. Lydia Dugdale, "Healing the Dying," *First Things*, 2016년 12월, 45-49을 보라.

7 Giovanni Boccaccio, *The Decameron*, trans. Wayne A. Rebhorn (New York: Norton, 2014), 6.

8 Boccaccio, *Decameron*, 7.

9 Boccaccio, *Decameron*, 8.

10 Boccaccio, *Decameron*, 9.

11 Lydia Dugdale, "The Art of Dying Well," Hastings Center Report 40/6 (2010): 22-24.

12 Boccaccio, *Decameron*, 11.

제2장 메멘토 모리, 죽음을 기억하라

1 World Bank, "Life Expectancy at Birth, Total (Years)." https://data.worldbank.org/indicator/SP.DYN.LE00.IN?end=2015&start=1960&view=chart.

2 World Bank, "Mortality Rate, Infant (per 1,000 Live Births)." https://data.worldbank.org/indicator/SP.DYN.IMRT.IN?end=2017&start=1960&view=chart.

3 Mary Beard, *The Roman Triumph* (Cambridge, MA: Harvard Univ. Press, 2009), 85-92.

4 Plato's Phaedo, in *Plato*: Complete Works, ed. J. M. Cooper (Indianapolis: Hackett, 1997), 64a을 보라.

5 전도서. 12:1, 7.

6 전도서. 1:2, 7.

7 전도서. 3:20, 7.

8 프라이어 로랑Friar Laurent, 헨리 수소Henry Suso, 디어크 반 델프트Dirk van Delft의 초기 예배식 자료를 토대로 한다.

9 O'Connor, *The Art of Dying Well*, 23.

10 「트락타투스 아르티스 베네 모리엔디」는 장 샤를리에 제르송 외에 스토아 사상, 애국주의 및 가톨릭 문학의 영향을 받았다.

11 '아르스 모리엔디'에 관한 내 관점은 오코너 수녀님의 책과 앨런 버헤이Allen Verhey에 상당한 빚을 지고 있다.

12 David William Atkinson, *The English Ars Moriendi, Renaissance and Baroque Studies and Texts* (New York: Peter Lang, 1992) 5권, 1.

13 Atkinson, *The English Ars Moriendi*, 2.

14 제르송은 '스키엔티아 모르티스'에 이런 유혹에 관해 언급하지 않았지만 죽어가는 사람의 경험과 직접적인 관계가 있어서인지 '아르스 모리엔디'에서는 가장 중요한 부분으로 꼽힌다.

15 O'Connor, *The Art of Dying Well*, 5-6.

16 O'Connor, *The Art of Dying Well*, 5.

17 Antony Griffiths, *Prints and Printmaking: An Introduction to the History and Techniques* (London: British Museum Press, 2010), *The History of the Illustrated Book* (London: Thames and Hudson, 1981)에서 존 하산John Harthan은 그리피스의 분석에 대체로 동의하지만 성 크리스토퍼의 유명한 목판화는 1423년으로 거슬러 올라간다고 주장한다. 1423년이

삶의 마지막까지, 눈이 부시게

목판화가 조각된 연도인지 인쇄된 날짜인지에 대해서는 정확한 설명을 찾을 수 없다.

18 Lydia S. Dugdale, "Desecularizing Death," *Christian Bioethics* 23/1 (2017): 22-37을 보라.

19 rew Gilpin Faust, *This Republic of Suffering: Death and the American Civil War* (New York: Vintage, 2008). 7.

20 https://www.wecroak.com 참고. Bianca Bosker, "The App That Reminds You You're Going to Die: It Helped Me Find Inner Peace," *Atlantic*, 2018년 1-2월.
https://www.theatlantic.com/magazine/archive/2018/01/when-death-pings/546587.

제3장 외로운 죽음을 피하려면

1 N. R. Kleinfield, "The Lonely Death of George Bell," *New York Times*, 2015년 10월 17일. https://www.nytimes.com/2015/10/18/nyregion/dying-alone-in-new-york-city.html.

2 Norimitsu Onishi, "A Generation in Japan Faces a Lonely Death," *New York Times*, 2017년 11월 30일.

3 Blaise Pascal, *Pensées*, trans. W. F. Trotter (New York: Dutton, 1958), 61-62.

4 Philippe Ariés, *The Hour of Our Death*, 2nd ed., trans. Helen Weaver (New York: Vintage, 2008), 19.

5 필리프 아리에스의 책에 기록된 마담 몽테스팡의 이야기는 루이 드

루브로이 생 시몽 공작Louis de Rouvroy duc de Saint-Simon의 기록을 바탕으로 한다.

6   Ira Byock, *Dying Well: Peace and Possibilities at the End of Life* (New York: Riverhead, 1997), 275.

7   Byock, *Dying Well*, 140.

8   Lydia Dugdale, *Dying in the Twenty-First Century: Toward a New Ethical Framework for the Art of Dying Well* (Cambridge, MA: MIT Press, 2015), 173.

9   Dugdale, *Dying in the Twenty-First Century*, 174.

10 Dugdale, *Dying in the Twenty-First Century*, 174.

11 Ariés, *Hour of Our Death*, 19.

제4장 어디에서 죽을 것인가

1   Stanford School of Medicine, Palliative Care, "Home Care of the Dying Patient: Where Do Americans Die?" https://palliative.stanford.edu/home-hospice-home-care-of-the-dying-patient/where-do-americans-die.

2   Mona Chalabi, "How Many Times Does the Average Person Move?" *FiveThirtyEight*, 2015년 1월 29일 https://fivethirtyeight.com/features/how-many-times-the-average-person-moves.

3   Martin Heidegger, *Poetry, Language, Thought*, trans. Albert Hofstadter (New York: Harper & Row, 1971), 157-58.

삶의 마지막까지, 눈이 부시게

4   Stanford School of Medicine, "Home Care of the Dying Patient."

5   Thomas Heyne, "Reconstructing the World's First Hospital: The Basiliad," *Hektoen International*, 2015년 봄.

6   Philippe Ariés, *The Hour of Our Death*, 2nd ed., trans. Helen Weaver (New York: Vintage, 2008), 570.

7   Paul Starr, *The Social Transformation of American Medicine: The Rise of a Sovereign Profession and the Making of a Vast Industry*, 2nd ed. (New York: Basic Books, 2017), 32..

8   Starr, *Social Transformation*, 32–33.

9   Starr, *Social Transformation*, 145.

10 Starr, *Social Transformation*, 146.

11 Starr, *Social Transformation*, 146.

12 Starr, *Social Transformation*, 73.

13 Albert R. Jonsen, "Bentham in a Box: Technology Assessment and Health Care Allocation," *Law, Medicine, and Health Care* 1433-4 (1986): 174.

14 Howard Brody, *The Healer's Power* (New Haven, CT: Yale Univ. Press, 1992), 139.

15 Marjorie S. Rosenthal, "Why We Need to Talk About Alzheimer's," *Time*, 2015년 11월 23일. http://time.com/4119648/national-alzheimers-disease-and-caregiver-month.

16 Alzheimer's Association Alzheimer's Impact Movement, "Fact Sheet: Alzheimer's Disease Caregivers," 2019년 3월. https://act.alz.org/site/DocServer/caregivers_fact_sheet.pdf

?docID=3022.

17　Ariés, *Hour of Our Death*, 584.

18　Geoffrey Gorer, "The Pornography of Death," *Encounter* (1955): 50-51.

19　J. Donald Schumacher, 미국 상원 건강, 교육, 노동, 연금 정기회의 발
표문(2005년 4월 6일).
https://www.govinfo.gov/content/pkg/CHRG-109shrg20539/html/
CHRG-109shrg20539.html.

제5장 죽음의 공포가 우리를 덮칠 때

1　Albert Camus, "The Plague," *The Plague, The Fall, Exile and the Kingdom,
and Selected Essays*, trans. S. Gilbert (New York: Knopf, 2004), 108.

2　Susan Sontag, *Illness as Metaphor* (New York: Farrar, Straus and Giroux,
1977), 65-66.

3　David Rieff, "Why I Had to Lie to My Dying Mother," *Guardian*,
2018년 5월 18일.
https://www.theguardian.com/books/2008/may/18/society.

4　David Rieff, *Swimming in a Sea of Death: A Son's Memoir* (New York:
Simon & Schuster, 2008), 151.

5　Oregon Health Authority, Public Health Division, Center for Health
Statistics, "Oregon Death with Dignity Act: 2018 Data Summary,"
2019년 2월 15일.
https://www.oregon.gov/oha/PH/PROVIDERPARTNERRESOURCES/
EVALUATIONRESEARCH/DEATHWITHDIGNITYACT/Documents/

삶의 마지막까지, 눈이 부시게

year21.pdf.

6 Christian Wiman, "Mortify Our Wolves", *American Scholar*, 2012년 가을. https://theamericanscholar.org/mortify-our-wolves.

7 Wiman, "Mortify Our Wolves."

8 Susan Sontag, "Simone Weil," *New York Review of Books*, 1963년 2월 1일. http://www.nybooks.com/articles/1963/02/01/simone-weil.

9 Simon Weil, *Waiting for God*, trans. Emma Craufurd (New York: Putnam, 1951), 125.

10 Susan Sontag, "The Ideal Husband," *New York Review of Books*, 1963년 9월 26일. http://www.nybooks.com/articles/1963/09/26/the-ideal-husband.

11 Christian Wiman, "Dying into Life," *Commonweal*, 2012년 4월 23일. https://www.commonwealmagazine.org/dying-life.

12 Wiman, "Dying into Life."

제6장 몸은 스러져가도

1 존 월러John Waller의 책 *The Dancing Plague: The Strange, True Story of an Extraordinary Illness* (Naperville, IL: Sourcebooks, 2009)는 무도병에 관한 자료를 조사하는 데 큰 도움이 됐다. 이외에도 다음 문헌을 참고했다. Patricia Bauer, "Dancing Plague of 1518," *Encyclopedia Britannica*. 2017년 5월 18일. https://www.britannica.com/event/dancing-plague-of-1518; Marissa Fessenden, "A Strange Case of Dancing Mania Struck Germany Six Centuries Ago Today," *Smithsonian*, 2016년 6월 24일.

https://www.smithsonianmag.com/smart-news/strange-case-dancing-mania-struck-germany-six-centuries-ago-today-180959549; J. F. C. Hecker, *The Black Death and the Dancing Mania, trans. Benjamin Guy Babington*, 1832 (CreateSpace, 2015); Neil Harding McAlister, "The Dancing Pilgrims at Muelebeek," *Journal of the History of Medicine and Allied Sciences* 32 (1977): 315-319.

2   Gabbai, Lisbonne, and Pourquier, "Ergot Poisoning at Pont St. Esprit," *British medical Journal* 2/4732 (1951년 9월 15일): 650-651. Jonathan N. Leonard, "It Blew Their Minds," *New York Times*, 1968년 9월 8일도 보라.

3   Gabbai, Lisbonne, and Pourquier, "Ergot Poisoning at Pont St. Esprit."

4   Mary Blume, "France's Unsolved Mystery of the Poisoned Bread", *New York Times*, 2008년 7월 24일.
https://www.nytimes.com/2008/07/24/arts/24iht-blume.1.14718462.html.

5   이젠하임 제단화에 관련된 자세한 정보는 아래를 참고하라.
https://www.musee-unterlinden.com/en/oeuvres/the-isenheim-altarpiece.

6   Francine Prose, "How I Found Life-Altering Art in Alsace," *New York Times*, 2016년 7월 6일.
https://www.nytimes.com/2016/07/10/travel/alsace-francine-prose.html.

7   마르틴 부버와 앙리 마티스에 관한 내용은 운터린덴 박물관에서 자체 출간한 책, *The Isenheim Altarpiece: The Masterpiece of the Musee Unterlinden*을 참고했다.

8   Joris-Karl Huysmans, "The Grünewalds in the Colmar Nuseum," in *Trois Primitifs*, trans. Robert Baldick (Oxford: Phaidon, 1958)

9   Jürgen Moltmann, *The Crucified God: The Cross of Christ as the Foundation and Criticism of Christian Theology* (Minneapolis: Fortress, 1993), 267 – 290.

10 Huysmans, "The Grünewalds."

11 John Hare, "My God, My God, Why Have You Forsaken Me?" Palm Sunday sermon text, St. John's Episcopal Church, New Heaven, CT, 2018.

제7장 죽으면 모든 것이 끝날까

1   David Masci and Michael Lipka, "Americans May Be Getting Less Religious, but Feelings of Spirituality Are on the Rise," *Pew Research Center*, 2016년 1월 21일.
    http://www.pewresearch.org/fact-tank/2016/01/21/americans-spirituality.

2   Richard N. Ostling, "The Church Search," *Time*, 1933년 4월 5일, 44.

3   Ralph Ryback, "From Baby Boomers to Generation Z: The Generational Gaps and Their Roles in Society," *Psychology Today*, 2016년 2월 22일.
    https://www.psychologytoday.com/us/blog/the-truisms-wellness/201602/baby-boomers-generation-z.

4   Beth Downing Chee, "The Least Religious Generation," *SDSU NewsCenter*, 2015년 5월 27일. http://newscenter.sdsu.edu/sdsu_

newscenter/news_story.aspx?sid=75623.

5   Jean M. Twenge et al., "Generational and Time Period Differences in American Adolescents' Religious Orientation, 1966 – 2014," *PLoS ONE* 10/5 (2015년 5월 11일): e0121454, doi:10.1371/journal. pone.0121454.

6   N. T. Wright, *Surprised by Hope: Rethinking Heaven, the Resurrection, and the Mission of the Church* (San Francisco: HarperOne, 2008), 9 – 12.

7   Shelly Kagan, *Death*, Open Yale Courses Series (New Haven, CT: Yale Univ. Press, 2012), 363.

8   Catherine Porter, "At His Own Wake, Celebrating Life and the Gift of Death," *New York Times*, 2017년 5월 25일.
    https://www.nytimes.com/2017/05/25/world/canada/euthanasia-bill-john-shields-death.html.

9   Robert C. Fuller, *Spiritual, but Not Religious: Understanding Unchurched America* (New York: Oxford Univ. Press, 2001), 12.

10 Fuller, *Spiritual, but Not Religious: Understanding Unchurched America*, 8.

11 Lillian Daniel, *When "Spiritual but Not Religious" Is Not Enough: Seeing God in Surprising Places, Even the Church* (New York: Jericho, 2013), 12.

12 Daniel, *When "Spiritual but Not Religious" Is Not Enough: Seeing God in Surprising Places, Even the Church*, 13.

13 Jon D. Levenson, *Resurrection and the Restoration of Israel: The Ultimate Victory of the God of Life* (New Haven, CT: Yale Univ. Press, 2006), ix.

14 Levenson, *Resurrection and the Restoration*, x.

15 Levenson, *Resurrection and the Restoration*, x.

16 Wright, *Surprised by Hope*, 37.

17 Wright, *Surprised by Hope*, 42–47.

18 Kevin J. Madigan and Jon Douglas Levenson, *Resurrection: The Power of God for Christians and Jew* (New Haven, CT: Yale Univ. Press, 2009), 115.

19 Christian Wiman, "I Will Love You in the Summertime," *American Scholar*, 2016년 2월 29일.

https://theamericanscholar.org/i-will-love-you-in-the-summertime/#.WxnSelLMxE4.

20 Wina, "I Will Love You."

제8장 사랑하는 사람을 잘 보내는 법

1 David Brooks, "There Should Be More Rituals!" *New York Times*, 2019년 4월 22일. https://www.nytimes.com/2019/04/22/opinion/rituals-meaning.html.

2 영국 크리메이션 소사이어티Cremation Society가 조사한 나라별 화장 비율. 상세한 정보는 다음 홈페이지를 참고하기 바란다. https://www.cremation.org.uk

3 Jenn Park-Mustacchio, "I've Been an Embalmer for 14 Years and See My Share of Bodies. Any Questions?" Guardian, 2013년 10월 24일. https://www.theguardian.com/commentisfree/2013/oct/24/embalmer-for-14-years-ask-me-anything.

4 Park-Mustacchio, "I've Been an Embalmer."

5 Jessica Mitford, *The American Way of Death Revisited* (New York:

Vintage, 1998), 43.

6 Catherine Madsen, "Love Songs to the Dead: The Liturgical Voice as Mentor and Reminder," *Cross Currents* 48/4 (Winter 1998-99): 458-459.

7 Madsen, "Love Songs to the Dead."

8 Madsen, "Love Songs to the Dead."

9 Mayyim Hayyim: https://www.mayyimhayyim.org을 보라.

10 https://www.rabbiavivah.com/sacred-waters-2을 보라.

11 Stella Adler, *The Art of Acting* (New York: Applause, 2000), 29.

12 Adler, *The Art of Acting*, 30

13 Thomas G. Long, *Accompany Them with Singing-the Christian Funeral* (Louisville, KY: Westminster John Knox, 2013): 122 – 123.

14 Adler, *The Art of Acting*, 65.

15 Long, *Accompany Them with Singing*, 154.

16 Long, *Accompany Them with Singing*, 158-159.

17 랍비 엘리아나 포크Eliana Falk 와 나눈 대화에서 발췌. 2018년 1월 2일.

18 Jonathan Sacks, "The Limits of Grief", 2017년 8월 14일. http://rabbisacks.org/limits-grief-reeh-5777.

제9장 좋은 삶이 좋은 죽음을 만든다

1 더 자세한 내용은 아래를 참고하라.

Carol Zaleski, *The Life of the World to Come: Near-Death Experience and Christian Hope*, Albert Cardinal Meyer Lectures (Oxford: Oxford Univ.

삶의 마지막까지, 눈이 부시게

Press, 1996).

2 Linda P. Fried et al., "Frailty in Older Adults: Evidence for a Phenotype," *Journal of Gerontology: Medical Sciences* 56/3 (2001년 3월): M146-156.

3 C. Handforth et al., "The Prevalence and Outcomes of Frailty in Older Cancer Patients: A Systematic Review," *Annals of Oncology* 26/6 (2015년 6월): 1091-1101.

4 John M. Thomas, Leo M. Cooney Jr., and Terri R. Fried, "Systematic Review: Health-related Characteristics of Elderly Hospitalized Patients and Nursing Home Residents Associated with Short-term Mortality," *Journal of the American Geriatrics Society* 61/6 (2013년 6월): 902-911.

5 Sherwin Nuland, *How We Die* (New York: Knopf, 1994), 258.

6 Nuland, *How We Die* (New York: Knopf, 1994), 250-253.

7 Jennifer S. Temel et al., "Early Palliative Care for Patients with Metastatic Non-Small-Cell Lung Cancer," *New England Journal of Medicine* 363/8 (2010): 733-742.

8 J. Portanova et al., "It Isn't Like This on TV: Revisiting CPR Survival Rates Depicted on Popular TV Shows," *Resuscitation* 96 (2015): 148-150.

9 A. El-Jawahri et al., "A Randomized Controlled Trial of a CPR and Intubation Video Decision Support Tool for Hospitalized Patients," *Journal of General Internal Medicine* 30/8 (2015): 1071-1080.

10 Paula Span, "Living on Purpose," *New York Times*, 2014년 6월 3일. https://newoldage.blogs.nytimes.com/2014/06/03/living-on-purpose.

11 Span, "Living on Purpose."

12 "Where Americans Find Meaning in Life," *Pew Research Center*, 2018년

11월 20일.

http://www.pewforum.org/2018/11/20/where-americans-find-meaning-in-life;

Patrick Van Kessel, Adam Hughes, "Americans Who Find Meaning in These Four Areas Have Higher Life Satisfaction," *Pew Research Center*, 2018년 11월 20일.

http://www.pewresearch.org/fact-tank/2018/11/20/americans-who-find-meaning-in-these-four-areas-have-higher-life-satisfaction.

13 "Where Americans Find Meaning in Life."

14 Peter Marshall, John Deo, *Disciple* (New York: McGraw Hill, 1963).

15 Andy Fuller, "Coda," Office of Public Affairs and Communications, University of Notre Dame.

https://www.nd.edu/stories/coda.

16 Genesis. 49-50(NRSV).

17 Giorgio Vasari, *The Life of Leonardo da Vinci*, trans. Herbett P. Horne (New York: Longmans Green, 1903), 44.

18 Neil Baldwin, *Edison: Inventing the Century* (Chicago: Univ. of Chicago Press, 2001), 407.

19 Mona Simpson, "A Sister's Eulogy for Steve Jobs," *New York Times*, 2011년 10월 30일.

https://www.nytimes.com/2011/10/30/opinion/mona-simpsons-eulogy-for-steve-jobs.html.

삶의 마지막까지, 눈이 부시게

삶의 마지막까지, 눈이 부시게

1판 1쇄 발행 2021년 6월 7일

발행인 박명곤
사업총괄 박지성
기획편집 채대광, 김준원, 박일귀, 이은빈, 백지선, 김수연
디자인 구경표, 한승주
마케팅 박연주, 유진선, 이호, 김수연
재무 김영은
펴낸곳 (주)현대지성
출판등록 제406-2014-000124호
전화 070-7791-2136 **팩스** 031-944-9820
주소 경기도 파주시 회동길 37-20
홈페이지 www.hdjisung.com **이메일** main@hdjisung.com
제작처 영신사 월드페이퍼

> **"지성과 감성을 채워주는 책"**
> 현대지성은 여러분의 의견 하나하나를 소중히 받고 있습니다.
> 원고 투고, 오탈자 제보, 제휴 제안은 main@hdjisung.com으로 보내 주세요.

현대지성 홈페이지